Ungewöhnlicher Erfolg

Urheberrecht - Gabriel Agbo

ISBN-13:9781725111110

ISBN-10: 172511111X

Alle Rechte vorbehalten. Kein Teil dieser Publikation darf in irgendeiner Form oder mit irgendwelchen Mitteln, elektronisch oder mechanisch, einschließlich fotokopieren, aufzeichnen oder auf andere Weise, oder durch ein System zur Speicherung und zum Abruf von Informationen ohne schriftlicher Genehmigung des Autors reproduziert oder übertragen werden.

Wenn nicht anders angegeben, stammen alle Zitate in diesem Buch aus der New Living Translation (NLT) Version der Bibel.

Herausgeber: Gabriel Agbo
www.authorsden.com/pastorgabriennagbo
E-Mail: gabrielagbo@yahoo.com
Tel .: + 234-8037113283

Von dem Autor des Bestsellers Power of Midnight Prayer

Bitte hinterlassen Sie eine Rezension im Review-Bereich, wenn dieses Buch Sie tatsächlich gesegnet hat, und erzählen Sie anderen darüber. Vielen Dank!

Widmung

Ich widme dieses Buch König David von Israel; der Mann nach Gottes Herz. Er war in der Tat ein großer und erfolgreicher Mann. Obwohl er auf seinem Weg auf extreme Schwierigkeiten und Rückschläge gestoßen war, hing er völlig von Gottes Gnade und Liebe ab, arbeitete hart und schaffte es bis zum Ende. Er war ein gottesfürchtiger, zuverlässiger, intelligenter und sehr mutiger Mann. Er ist einer meiner Helden in den heiligen Schriften. Ich habe so viel von ihm gelernt. Möge Gott unseren geliebten König David für immer segnen!

Einleitung

Gelegentlicher Erfolg! Gott hat dich dazu bestimmt, erfolgreich zu sein. Es ist dein Recht. Es ist deine Natur. Es ist genau dort in deiner DNA. Du hast keine Entschuldigung, um ein Versager zu sein. Alles, was du jemals in diesem Leben tun musst, ist bereits in dich eingepflanzt und auch in das Wort Gottes eingebettet. Wahr. Dieses Buch wird deine Augen für diese ewige Wahrheit öffnen. Sie können nicht durchgehen und gleich bleiben.

Du findest hier Themen wie: du kannst erfolgreich sein, Dinge sind nicht gut? Oh Herr, Gott des Himmels, er hält seine Bündnisse, höre auf mein Gebet, gewähre mir Erfolg und Gefallen, Vision-Plan-Arbeit, Timing, Überwindung von Hindernissen, es ist geschehen! Du wirst die Geheimnisse des reichsten Mannes, der jemals gelebt hat, des stärksten Mannes und des mächtigsten Königs entdecken. Und auch Gebete, die dich automatisch auf den Erfolgspfad bringen. Gott hat dich nicht zum Scheitern verurteilt. Er hat dich nach Seinem Ebenbild geschaffen. Das bedeutet einfach, dass, wie Er ein Erfolg ist, wir auch sein müssen. Du wurdest geboren und gerettet, um erfolgreich zu sein! Lesen und transformieren.

Gabriel Agbo

Inhalt

Widmung
Einführung

Kapitel

1. Du kannst erfolgreich sein

2. Sind die Dinge nicht gut?

3. Oh Herr, Gott des Himmels

4. Er hält seine Bündnisse

5. Höre auf mein Gebet

6. Gewähre mir Erfolg und Gefallen

7. Vision-Plan-Arbeit

8. Überwindung von Hindernissen

9. Es ist getan!

"Herr, Gott des Himmels, der große und ehrfurchtgebietende Gott, der seinen Bund der unerschütterlichen Liebe mit denen hält, die ihn lieben und seinen Befehlen gehorchen, höre auf mein Gebet! Schau herab und sehe mich Tag und Nacht beten für dein Volk Israel. Ich gestehe, dass wir gegen dich gesündigt haben. Ja, sogar meine eigene Familie und ich haben gesündigt! Wir haben schrecklich gesündigt, indem wir nicht den Befehlen, Gesetzen und Vorschriften gehorcht haben, die du uns durch deinen Diener Moses gegeben haben.

Bitte erinnere dich daran, was du deinem Diener Moses gesagt hast: "Wenn du sündigst, werde ich dich unter die Nationen zerstreuen. Aber wenn du zu mir zurückkehrst und meine Befehle befolgst, selbst wenn du an die Enden der Erde verbannt bist, werde ich dich an den Ort zurückbringen, den ich gewählt habe, damit mein Name geehrt wird.

Wir sind deine Diener, die Menschen, die du durch deine große Macht und Kraft gerettet hast. Oh Herr, bitte gewähre mir jetzt Erfolg, während ich den König um einen großen Gefallen bitten werde. Lege es in sein Herz, um freundlich zu mir zu sein. "

Nehemia 1: 5-11

Erstes Kapitel
Du kannst erfolgreich sein

Erfolg ist einfach das Erreichen deines gesetzten Ziels. Es wurde auch definiert, Wohlstand, Glück zu erreichen. Aber ich möchte es hier als göttlichen Zweck zu einer bestimmten Zeit, in einer Situation oder in deinem Leben definieren. Wenn du den Willen Gottes für dich oder für andere kennst, es verfolgst und es zustande bringst, bist du erfolgreich geworden. Ich wähle diese letzte Definition, denn wenn du deine Ziele außerhalb von Gottes Willen oder außerhalb des Königreichs erreichst, bist du noch nicht erfolgreich. Gott sieht dich nicht als Erfolg. Wahr.

Dies bedeutet, dass es bei Erfolg nicht nur darum geht, Reichtum anzuhäufen, materielle Dinge, Positionen zu erreichen oder Ihre persönlichen Ambitionen zu erfüllen, usw. Nein! Du kannst all dies haben und fühlst dich immer noch sehr leer. Aber wenn du Gottes Ziel erreichst, gibt es immer diese Freude, Frische, inneren Frieden und Erfüllung, göttliche Zustimmung und Segen, die damit einhergehen. Materielle Dinge alleine garantieren keine Erfüllung.

Es ist Gottes Wille, dass wir im Leben erfolgreich sind. Es ist Sein Wille, dass wir in allem, was wir tun, Erfolg haben, und Er hat dies in den heiligen Schriften deutlich gemacht. Du kannst nicht mit Gott gehen und ein Versager sein. Du kannst nicht in Seinem Wort wandeln und versagen. Es ist unmöglich. Deshalb sagte Jesus, dass niemand im Licht (Sein Wort) geht und stolpert. Wahr. Alles, was du brauchst, um erfolgreich zu sein, ist in Seinem Wort. Das werden Sie bald herausfinden, wenn wir Fortschritte machen. Ich habe persönlich das Wort Gottes gelesen und befolgt und diese alterslose Wahrheit herausgefunden. Unser Erfolg ist in Seinem Wort garantiert. Aber warum müssen wir Erfolg haben?

Erstens ist es der Wille Gottes. Zweitens ist Gott selbst ein Erfolg und es wird von uns erwartet, dass wir wie er sind. Ein Sohn wird wie sein Vater sein. Drittens hat Er alles geschaffen, was wir brauchen, um erfolgreich zu sein, und es ist ein Bund. Viertens passt unser Erfolg immer in seinen breiten und ultimativen Plan für die Menschheit. Nun, das sind die Dinge, die wir versuchen werden, durch diese Studie zu etablieren, und wir denken, dass wir eine Grundlage haben, dies durch das Gebet und die Taten des großen Nehemia zu tun. Bevor wir jedoch darauf eingehen, wollen wir zuerst einige der Fakten betrachten, die wir erwähnt haben.

Gott ist ein Erfolg

Wenn du Gott genau studierst oder beobachtest, was du herausfinden wirst, ist eine Person, die in keinem Projekt versagt hat. Selbst wenn du denkst, dass Hindernisse auf seinem Weg sind oder dass die Zeit gegen ihn ist, manövriert er letztendlich immer seinen Weg, um seine Projekte in die Tat umzusetzen. Siehst du das auch in den heiligen Schriften? Nun schau dir den Anfang der Schöpfung an. Uns wurde gesagt, dass die ganze Erde hoffnungslos, formlos und in völliger Dunkelheit war. Es gab kein Leben, kein Licht, keine Strukturen und keine Schönheit. Aber das hat Gott nicht entmutigt. Er kam mit Glauben herein und begann zu sprechen und Dinge zu erschaffen. Ja, was auch immer du im Universum siehst, wurde von Gott aus dem Nichts geschaffen. Er hat gesprochen und sie sind alle entstanden.

Er schaffte Himmel und Erde, Himmel, Sterne, Sonne, Mond, alle Planeten, Meere, Land, Berge, Vegetationen, Wüsten, Quellen, Wasserfälle, Vögel, Fische und anderes große Säugetiere in den Gewässern, die Tiere, Reptilien und die kleinsten Insekten. Und Er machte auch den Menschen; der sich heute zufällig in Milliarden vervielfacht hat. Ja, all diese wurden aus dem Nichts gemacht. Das ist Erfolg! Vom Nichts zur Größe, Dinge erschaffen, die nicht sein sollen, etwas aus dem Nichts erschaffen. Ich glaube, dass Sie nach dem Lesen dieses Buches sofort beginnen werden, Dinge zu erschaffen, die nicht existierten. Du wirst diese Träume und Visionen, die in dir brodeln, ins Leben rufen. Sie werden aus diesem gegenwärtigen Nichts etwas Großartiges machen. Lass uns diese Schöpfungsgeschichte sehen, bevor wir weitermachen:

"Am Anfang erschuf Gott die Himmel und die Erde. Die Erde war leer, eine formlose Masse in Dunkelheit gehüllt. Und der Geist Gottes schwebte über seiner Oberfläche. Dann sagte Gott: "Es werde Licht", und da war Licht. Und Gott sah, dass es gut war. Dann trennte er das Licht von der Dunkelheit. Gott nannte das Licht 'Tag' und Dunkelheit 'Licht'. Zusammen machten diese einen Tag ... So war die Erschaffung des Himmels und der Erde und alles in ihnen vollständig.

Am siebten Tag, nachdem er seine Aufgabe beendet hatte, ruhte Gott von all seiner Arbeit. "

1. Mose 1: 1-31, 2: 1-2

Ja, die Kreation war komplett, gut, schön und erfolgreich! Und der Schöpfer ruhte sich aus. Er gab sich nach einer siebentägigen Arbeit einen wohlverdienten Urlaub. Es wird immer diese Freude, Frieden, Gefühl der Erfüllung und Ruhe nach jedem Erfolg geben. Denken Sie daran, wir haben das am Anfang gesagt. Die Kreation war ein sehr großer Erfolg. Tatsächlich schaute Er zeitweise auf was Er tat und sah, dass es gut war! Ein Erfolg!

Wir sind wie er

Jetzt möchte Gott, dass wir so erfolgreich sind wie er. Er möchte, dass wir in allen Bereichen unseres Lebens Erfolg haben. Ja, wenn Er ein Erfolg ist, müssen wir es auch sein. Schließlich hat das Wort Gottes gesagt, dass er so ist, wie wir sind. Wie er im Himmel ist, so müssen wir auf der Erde sein. Wahr. Jetzt geh zurück und sieh das bei der Schöpfung. Er sprach nur, um andere Dinge zu erschaffen, aber als es Zeit war, den Menschen zu erschaffen, hat Gott ihn konsultiert. Dann machte Er den Menschen in Seinem Bild und Gleichnis. Das heißt, der Mensch hat die Eigenschaften Gottes in seiner DNS - er kann erschaffen, er kann erfolgreich sein, er kann sein Denken und seine Vorstellung ins Dasein bringen, er kann sich vermehren, er kann sich unterwerfen, er kann herrschen, er kann Dinge hervorbringen von nichts. Ja, all diese Fähigkeiten wurden vom Schöpfer in den Menschen eingebaut:

"Dann sagte Gott:, Lasst uns Menschen zu unserem Bild machen, um so wie wir selbst zu sein. Sie werden Meister über das ganze Leben sein - der Fisch im Meer, die Vögel am Himmel und all das Vieh, wilde Tiere und kleine Tiere.

So schuf Gott Menschen nach seinem eigenen Bild; Gott hat sie nach sich selbst gemustert; männlich und weiblich hat er sie geschaffen.

Gott segnete sie und sagte ihnen: Multiplizieren und füllen Sie die Erde und unterwerfen Sie sie. Sei Meister über Fische und Vögel und alle Tiere ... Dann

schaute Gott über alles was er gemacht hatte und sah, dass es in jeder Hinsicht hervorragend war. Das alles geschah am sechsten Tag. "

1. Mose 1: 26-31

Hast du das gelesen? Hier gibt es viel zu ergattern. Wie wir gesagt haben. Gott hat den Menschen dazu gebracht, wie Er selbst zu sein, sich zu vermehren, zu unterwerfen und Meister aller zu sein.

Meister von Allem

Nun hat Gott den Menschen geschaffen, um das ganze Leben zu beherrschen. Du bist gemacht, ein Meister über alle Angelegenheiten dieses Lebens zu sein. Beherrschen heißt kontrollieren, beherrschen, überwinden; die Fähigkeit, Dinge für dich arbeiten zu lassen. Genau so hat Gott den Menschen geschaffen. Er hat ihn dazu gebracht, alles zum Guten, zum Erfolg bringen zu können. Ja.

Ausgezeichnet und vollständig

Hast du dann auch bemerkt, dass Gott immer alles anschaut, was er jeden Tag geschaffen hat, und anerkenne, dass es gut ist? Hast du das gesehen? Nun, warum war es so, dass, als es um die Umkehr des Menschen ging, nachdem die Bibel gemacht und ihm Anweisungen gegeben wurde, sagte: "Dann schaute Gott über alles was er gemacht hatte und sah, dass es in jeder Hinsicht hervorragend war." Warum? Der Mensch bringt den Höhepunkt der Gotteserfahrung und der schöpferischen Fähigkeiten hervor. Er manifestiert Gottes Brillanz, Tiefe und Vollständigkeit seiner Intelligenz und Weisheit. Er übertrifft Gott den Erfolg! Du wirst erfolgreich gemacht. Es liegt in deiner Natur, in deiner DNS. Du wirst gemacht, um erfolgreich zu sein, und du musst dich nicht mit weniger zufrieden geben.

Jetzt können wir in die eigentliche Nachricht gehen. Wir werden die Erfahrung von Nehemia verwenden; der verbannte Jude, der zurückgekehrt war, um die Mauern von Jerusalem als unseren Führer wieder aufzubauen. Ja, ich fand in seinen Aktivitäten die Prinzipien des Erfolgs. Wirklich, alles, was Sie in diesem Leben zum Erfolg brauchen, ist in den heiligen Schriften enthalten. Du musst nur fleißig suchen, entdecken und sie für dich arbeiten lassen. Willst du wirklich erfolgreich sein? Dann lass uns gehen!

Zweites Kapitel
Sind die Dinge nicht gut?

Sie sagten zu mir: Es geht nicht gut für die, die in die Provinz Juda zurückkehrten. Sie sind in großen Schwierigkeiten und Schande. Die Mauer von Jerusalem wurde abgerissen und die Tore wurden verbrannt. "

Nehemia 1: 3

Was jemanden motiviert, nach Erfolg zu suchen oder zu arbeiten, ist der Drang nach Verbesserung. Wenn Sie mit einer bestehenden Situation nicht zufrieden sind, wenn Sie wahrnehmen, dass Sie Ihren Gipfel, Ihr Ziel, Ihr Potenzial und Ihr Streben nicht erreicht haben, dann ist es nur natürlich, sich den besten Weg zu Ihrem Traum zu überlegen. Erfolgreiche Menschen sind einfach diejenigen, die mit ihren Situationen nicht zufrieden waren, sondern sich weiterbewegten und alle Hindernisse überwindet, bis sie ihre Ziele zufriedenstellend erreicht haben. Sie sahen die Notwendigkeit, trafen und überwanden die Hindernisse und verwirklichten ihre Träume.

Sieh dir unseren Text wieder an. Dies war, als die Leute von Juda in Persien in Gefangenschaft waren. Einige der Überbleibsel aus dem Land Juda besuchten Nehemia, der jetzt im Exil als Königstrinker im Palast des Kaper diente. Und als er nach den Juden (seinem Volk) fragte, die die Gefangenschaft und den Zustand dieser einst glorreichen Stadt - Jerusalem - überlebten, bekam er eine sehr traurige, bedrückende Antwort. Sie sagten ihm, dass es den Menschen zu Hause nicht gut ging; Sie waren in Schwierigkeiten und Schande. Dann wurde die Stadt abgerissen und die Tore verbrannt. Mein Gott!

Als Nehemia dies hörte, brach er sofort in Tränen aus. Er setzte sich und weinte unkontrolliert. Er trauerte, fastete und betete. Und wer nicht? Deine Leute, deine Lieben sind in Schwierigkeiten, in Not, besiegt und in Schande. Sie zu Hause, Ihre Stadt liegt in Trümmern? Die einst schöne, gut gebaute, ruhmreiche und befestigte Stadt; umgeben von Bergen, übersät mit Türmen, Obstgärten, Pool und mit dem prächtigen, sehr teuren, mit Gold verzierten Tempel, der das Allerheiligste und die große Bundeslade beherbergte;

Das bedeutete die ewige Gegenwart Gottes mit seinem Volk liegt jetzt in Trümmern! Bitte, wer wird nicht zusammenbrechen, wenn er diese traurige Nachricht hört? Ich persönlich fühlte diesen Schock, als ich diesen Vers las. Meine Leute und meine Stadt sind in großen Schwierigkeiten und Schande!

Ja, du wirst vielleicht nicht zum Handeln bewegt oder zum Erfolg marschieren, bis du fühlst, wie Nehemia sich hier gefühlt hat. Dies sind die Gefühle, die einige der größten erfolgreichen Männer und Frauen hervorgebracht haben, einige der mächtigsten Revolutionäre der Geschichte. Er sah die Schwierigkeiten und Schande und schwor, die Situation um jeden Preis umzukehren. Deshalb haben wir gesagt, dass du niemals erfolgreich sein wirst, wenn du mit deiner gegenwärtigen Situation zufrieden bist. Etwas, einige Bedingungen, Aspirationen müssen motivieren, um zu größeren Leistungen zu gelangen. Hier, für Nehemia, wird es der Zustand seiner Brüder, seiner Familie, seiner Stadt und des Volkes Gottes sein. Sie sind in Schwierigkeiten, Schande und in Trümmern. Er würde es nicht genießen, im Palast des Königs zu dienen, während sein Volk und seine Stadt in Schande bleiben.

Ärger, Schande und in den Ruinen

Jede Bemühung um echten und nachhaltigen Erfolg muss ein Versuch sein, irgendeines der oben genannten oder anderer unzähliger Probleme der Menschheit zu lösen. Es muss eine bewusste Anstrengung sein, Lösungen zu bringen. Ja, sogar die Experten, die Wohlstand schaffen, sprechen darüber. Du sagst es dir, dass du das vorhandene menschliche Bedürfnis identifizieren und Anstrengungen unternehmen musst, es zu befriedigen, und du wirst auf deinem Weg reich sein. Ja. Das ist richtig. Es ist ein göttliches und universelles Prinzip. Dass die Dinge nicht gut laufen, ist selbst eine Gelegenheit, eine Lösung zu finden, die dich in die Größe führt. In jedem Problem gibt es ein Potential für Größe! Große Menschen, wohlhabende Menschen und Unternehmen werden meist in schwierigen Zeiten hergestellt. Wenn andere klagend werden, werden sie nach Lösungen suchen, die sie genau kennzeichnen. Bedürfnisse stimulieren Lösungen und Lösungen schaffen Wohlstand! Gott wurde erfolgreich in der Schöpfung, weil er die

Lösung für eine formlose Erde fand. Finden ine Lösung für diesen Bedarf und du wirst sofort erfolgreich sein.

Nehemia war zu dieser Zeit nicht der einzige Jude im Exil oder zu Hause, aber er fühlte leidenschaftlich, dass er aufstehen musste, um eine Lösung für die Probleme, Schande und Verwüstung zu finden, die plötzlich über sein Volk und seine Stadt gekommen waren. Es gibt immer etwas in großen Männern und Frauen, die es ihnen kaum erlauben, angesichts der Herausforderungen zu schweigen. Er war sofort bewegt, als er die traurige Nachricht bekam. Er saß, weinte, trauerte, fastete und betete. Ja, er betete! Warum schweigst du, wenn dein Leben, deine Familie, deine Leute, dein Platz, dein Geschäft, deine Nation in Schwierigkeiten sind, in Ruinen? Bist du zufrieden mit der Art, wie die Dinge sind? Nehemia war es nicht. Er war bewegt.

Drittes Kapitel
Oh Herr, Gott des Himmels

Nachdem Nehemia diese beunruhigende Nachricht von zu Hause erhalten hatte, fastete und betete er zu Gott mit dem Schock und der Traurigkeit, die damit verbunden waren. Ich habe immer geglaubt und gefördert, in jeder Situation nach Gottes Hilfe zu suchen, und du kannst mich nicht dafür beschuldigen, weil ich ein Produkt des Gebets und der göttlichen Bündnisse bin. Sie lesen dieses Buch heute einfach wegen dieser zwei Dinge. Gebet und Bündnisse haben mich gemacht. Wahr. Sie sind sehr mächtig. Ich kann später mehr dazu sagen. Aber ich möchte, dass du weißt, dass du auf dem Marsch zu deiner göttlichen Bestimmung nicht viel erreichen wirst, ohne eine gute Beziehung und konsistente Kommunikation mit Gott aufrechtzuerhalten. Ja, das stimmt. Ich habe die großen Männer und Frauen in der Bibel und in der Kirche genau studiert und genau das habe ich herausgefunden. Sie liefen bei der geringsten Bedrohung zu Gott. Sie gehen zu ihm, wenn sie in Not sind. Sie waren so sehr von Ihm abhängig, dass sie jeden Schritt, den sie im Leben machten, leiten konnten.

Sie baten Ihn um Hilfe und Intervention zum Zeitpunkt der Herausforderung. Und wenn sie nicht in Schwierigkeiten sind, bieten sie ihm auch Opfer (Gebet) des Lobes an. Nun, fragst du dich immer noch, warum ich mich in Männer wie David, Josaphat, Jesus,

Paul, Nehemia, Elia, Elisha, Samuel, Daniel usw. verliebt habe? Ich liebe sie so sehr! Dies sind meine Helden und Vorbilder. Ich habe sogar über Josaphats Gebet geschrieben, als diese drei Nationen kamen, um ihn anzugreifen: "Gebet von Josaphat: O Gott, hörst du sie nicht auf?" Hast du das Buch gelesen? Du solltest es besser machen. Sie wussten immer, dass sie ohne Gott nichts erreichen können. Sie waren gewöhnliche Männer, die völlig ausverkauft waren, von Gott abhängig waren und infolgedessen unglaubliche, übernatürliche Heldentaten für das Königreich machten. Ich liebe die Art, wie Elijah gesprochen wurde. Wir wurden daran erinnert, dass Er ein gewöhnlicher Mann war wie du und ich, aber durch den Glauben betete er und es gab keinen Regen in Israel seit dreieinhalb Jahren. Kraft des Gebets! Ich möchte hier nicht viel über diese Männer sagen. Tun Sie sich selbst jetzt lieber, indem Sie meine Bücher **"Macht des Mitternachtsgebets und Gebet von Josaphat"** bestellen: *"O Herr, hörst du nicht damit auf?"*. *Sie si*nd in der Tat Dinamiten!

Nehemia wusste auch, dass er Gottes Eingreifen brauchte, wenn irgendetwas aus dem verwüsteten Land Juda gerettet werden sollte. Die Situation war in der Tat schrecklich - fast unkündbar, hoffnungslos. Er wusste, dass ohne das göttliche Eingreifen das Volk und das Land Juda in Vergessenheit geraten würden. Denken Sie daran, wie es früher beschrieben wurde - sie waren in großen Schwierigkeiten, Schande und in Trümmern! Nun, egal wie durcheinander dein Leben derzeit ist, ich sehe Gottes Eingreifen jetzt im Namen Jesu kommen! Das Gebet wird die schlimmsten Situationen verändern. Unser Gott verwandelt sich in Schönheit. Wahr. So betete Nehemia:

"O Herr, Gott des Himmels, der große und ehrfurchtgebietende Gott, der seinen Bund der unerschütterlichen Liebe mit denen hält, die ihn lieben und seinen Befehlen gehorchen, höre auf mein Gebet! Schau herab und sehe mich Tag und Nacht beten für dein Volk Israel. Ich gestehe, dass wir gegen dich gesündigt haben. Ja, sogar meine eigene Familie und ich haben gesündigt! Wir haben schrecklich gesündigt, indem wir nicht den Befehlen, Gesetzen und Vorschriften gehorcht haben, die Sie uns durch Ihren Diener Moses gegeben haben.

Bitte erinnere dich daran, was du deinem Diener Moses gesagt hast: "Wenn du sündigst, werde ich dich unter die Nationen zerstreuen. Aber wenn du zu mir zurückkehrst und meine Befehle befolgst, selbst wenn du an die Enden der Erde

verbannt bist, werde ich dich an den Ort zurückbringen, den ich gewählt habe, damit mein Name geehrt wird.

Wir sind deine Diener, die Menschen, die du durch deine große Macht und Kraft gerettet hast. O Herr, bitte gewähre mir jetzt Erfolg, während ich den König um einen großen Gefallen bitten werde. Lege es in sein Herz, um freundlich zu mir zu sein. "

Nehemia 1: 5-11

Mein Gott! Hast du diese Worte durchgemacht? Jetzt werden wir versuchen, ein oder zwei Dinge zu extrahieren, die uns von dieser großen Fürbitte helfen werden. Lass uns gehen.

Gott des Himmels
Als Nehemia den Mund aufmachte, war das erste, was herauskam: "O Herr, Gott des Himmels!" Wenn alles auf der Erde, im Leben versagt, wo schaust du hin? Himmel! Wenn die Situation sehr prekär, einschüchternd und menschlich unmöglich aussieht, wo schaust du hin? Himmel! Nehemia wusste, dass jede Hilfe für Israel zu dieser bestimmten Zeit nur von Gott des Himmels kommen kann; derjenige, der Asche zur Schönheit machen kann. Ja, der Gott, der Scham, Ärger, Schande in Sieg und Freude verwandeln kann. Wenn die Erde versagt, wird der Himmel helfen!

Weise Männer, die groß und erfolgreich sein wollen, müssen ihre Kraft immer vom Himmel beziehen. Wahr. Hier sind die ganzen Ressourcen. Alles, was du auf der Erde siehst, stammt aus dem Paradies. Ich denke, deshalb hat Jesus einmal gesagt, dass niemand etwas empfangen kann, wenn es ihm nicht von oben gegeben wird. Und wer ist oben - Gott. Der Himmel ist über der Erde und alles darin. Der Himmel versorgt die Erde mit allem, was sie braucht, um erhalten zu werden. Selbst wenn der Himmel das Sonnenlicht, das Mondlicht, den Regen, die Luft usw. zurückzieht, hört die Welt auf zu existieren. Du brauchst den Himmel, um im Leben erfolgreich zu sein. Es ist der Himmel, der die Erde ergießt (segnet). Also, wenn du immer noch auf der Erde lebst und du erfolgreich sein willst, musst du Gott anerkennen und von ihm abhängig sein. Nehemia wusste all dies und so nannte er den Gott des Himmels. Jetzt rufst du Ihn auch an?

Türen und Fenster des Himmels

Verstehst du jetzt, warum das Wort Gottes so viel von den Türen, Fenstern und Toren des Himmels gesprochen hat? Wenn diese nicht für dich geöffnet sind, vergiss es. Sie werden schuften und schuften, aber werden nichts oder wenig zu zeigen zu haben für alles, wofür du kämpfst. Dieser Himmel hat Türen, Fenster und Tore und sie geben Reichtum und Erfolg an diejenigen, die Gott bevorzugt hat.

Großartig und fantastisch

Nehemia, wie alle anderen Helden des Glaubens, des Gebetes und des geistlichen Kampfes, begann sein Lob mit Lob. Ich liebe das! Ja, die Situation ist schrecklich, die Botschaft ist bedrückend, aber Gott muss gelobt werden. Verliere niemals den Anblick, Ihn zu preisen und anzubeten, egal in welcher Situation. Und manchmal ist alles, was Sie brauchen, nur dieses Lob und die Lösungen werden kommen. Gott muss in der Saison und außerhalb der Saison gelobt werden. Er verdient es. Er war dort vor den Herausforderungen und wird auch danach da sein. Er wird dadurch bei uns sein und Er wird danach weiterhin Gott sein. Es gibt vier grundlegende Dinge, die du immer tun musst, um deine Beziehung zu Gott zu behalten, den Feind zu besiegen und dein göttliches Schicksal zu verwirklichen - GEBET, LOB, DAS WORT, HEILIGKEIT. Wenn Sie diese behalten, mein Freund, werden Sie für immer ein Sieger sein. Also wischte Nehemia seine Tränen weg und nannte ihn "großartig und großartig". Danke Jesus!

Großartig

Ja, unser Gott ist großartig! Er hat immense und absolute Macht, Präsenz und Persönlichkeit. Er hat alle Dinge gemacht und Er kann auch alles tun. Nichts stoppt oder fordert Ihn heraus. Seine Fähigkeit, die Schöpfung zu manipulieren und zu manövrieren, ist enorm und unbegrenzt. Wir müssen diese Tatsache jederzeit schätzen. Was Gott nicht tun wird, ist, was Er nicht tun will. Nehemia inmitten dieser Schwierigkeiten nannte ihn großer Gott!

Ich meine, dieses Wort hätte nur von einem Mann kommen können, der persönlich die Kraft Gottes in Aktion gesehen oder von seinen wunderbaren Werken erfahren hat. Ja, als Israelit bin ich mir sicher, dass dieser Mann alle Vorteile der legendären jüdischen mündlichen Überlieferung hatte; wo sie ihre Geschichte und Erfahrungen gewissenhaft ihren Kindern und nachfolgenden Generationen weitergeben.

Nehemia hat sicherlich alle großen Werke, Wunder und Errettungen gehört, die dieser große Gott seiner Vorfahren hervorgebracht hat. Er muss die Schöpfungsgeschichte gehört haben, Seine Gegenwart mit Abraham, Isaak und Jakob, Seine besondere Gunst für die Israeliten in Ägypten, die Teilung des Roten Meeres, die Teilung des Jordans, den Fall der Mauern von Jericho nach der die Menschen Gottes schrien, die verschiedenen Besiegten und Vertreibenden der mächtigen Könige, Armeen und Götter der Heiden auf dem Weg in das gelobte Land usw. Und er nannte ihn unseren großen Gott!

Fantastisch

Nehemia sagte, dass unser Gott großartig ist. Das heißt, Er ist überwältigend, wunderbar; der Gott, der weder Anfang noch Ende hat. Er füllt den Himmel und die Erde. Das Wort sagte, dass der Himmel und die Erde Ihn nicht enthalten können. Seine Stimme ist wie viele Donner auf den großen Ozeanen. Seine Gegenwart entfacht immer Angst, Ehrfurcht und Respekt, doch Er ist immer liebevoll und barmherzig. Mein Gott! Tatsächlich hat ihn niemand vollständig verstanden. Jeder redet oder beschreibt ihn aus dem Blickwinkel der Offenbarung, die ihm von ihm gewährt wurde. Wahr. Sie haben John so sehr gekämpft, dass er versucht hat, Ihn, seinen Thron und seine Operationen im Buch der Offenbarung zu beschreiben. Aber ist er erfolgreich? Vielleicht teilweise. Aber er sah und hörte so viele Dinge, die er nicht menschlich entschlüsseln oder deuten konnte. Hören Sie ihm von der ersten Stufe der Begegnung zu:

"Als ich ihn sah, fiel ich tot zu seinen Füßen. Aber er legte seine rechte Hand auf mich und sagte: "Hab keine Angst! Ich bin der Erste und der Letzte. Ich bin der

Lebende, der gestorben ist. Schau, ich lebe für immer und ewig! Und ich halte die Schlüssel des Todes und des Grabes. "
Offenbarung 1: 17-18

Ich verehre dich, HERR! Großartigkeit! Geh zurück und lies, was John zum Fallen gebracht hat. Unser Gott ist großartig! In der Tat musste der Geist Gottes während dieser großen Offenbarungen die meisten Dinge, die Johannes gezeigt wurden, begleiten und interpretieren. Er ist wirklich ein großartiger Gott! Wie siehst du ihn? Wie siehst du Ihn selbst in dieser gegenwärtigen Situation? Wie nennst du Ihn? Deine Offenbarung, dein Verständnis, deine rechte Wertschätzung von Ihm werden letztendlich deinen Erfolg bestimmen. Nehemia nannte ihn "den großen und ehrfurchtgebietenden Gott!"

Viertes Kapitel
Er hält seine Bündnisse

"... wer hält seinen Bund der unerschütterlichen Liebe mit denen, die ihn lieben und seinen Befehlen gehorchen", Nehemia 1: 5b

Erfolg; guter, wahrer Erfolg ist eine Funktion der Bündnisse. Wenn Sie mit unseren Postulaten im vorherigen Kapitel übereinstimmen, dass alles, was wir auf der Erde haben werden, davon abhängen wird, was der Himmel oben für uns freigibt, dann müssen wir immer alles in unserer Macht stehende tun, um dem Himmel zu gefallen. Und dies geschieht, indem man Gott gehorcht und seine Worte (Bündnisse) hält. Wahr.

Göttlicher Erfolg kommt von den göttlichen Gesetzen. Ja, wahrer Erfolg kommt nur von Gott. Als ich diese Worte niederschrieb, ermutigte einer meiner Freunde aus einer sehr prominenten Familie die Menschen, einen dämonischen Geist anzubeten; ihnen zu sagen, dass dies der Geist ist, der ihnen Wohlstand und Glück bringen wird. Stell dir das vor? Ich war wütend im Geiste. Ich korrigierte ihn sofort, indem ich ihm sagte, dass er sehr falsch lag und dass wahre Reichtümer und Segnungen nur von Gott, dem Schöpfer von Himmel und Erde, kommen. Ja! Das ist wahr!

Jetzt verstehe ich, woher er kommt. Einige dieser sehr wohlhabenden Menschen dienten Satan tatsächlich dazu, das zu bekommen, was sie "Reichtum" nennen, und leider stecken ihre Kinder jetzt fest; Ich glaube, das ist der Weg, um es zu schaffen. Das ist falsch. Alles was du von Satan oder durch Okkultismus, Korruption usw. bekommst, ist nicht wahr, real und hat keinen ewigen Wert. Einige haben sich vor den Dämonen gebeugt, um zu erwerben, was sie heute haben. Aber sieh dir an, was Jesus Satan erzählt hat, als er später in der Wüste versucht hat. Satan sagte ihm, er solle sich beugen und ihn anbeten, und er werde Jesus alle Reichtümer und den Ruhm der Welt geben. Was aber tat der HERR? Er tadelte den Teufel sofort: "Verschwinde von hier, Satan", sagte Jesus zu ihm. "Denn die Schrift sagt, du musst den Herrn, deinen Gott, anbeten; Diene nur ihm. "

In Wirklichkeit gibt es die "Reichtümer" und den Ruhm der Welt von Satan, die zu körperlicher und geistiger Knechtschaft, Schmerz, Leid, Tod und ewiger Zerstörung führen, und es gibt auch die wahren Reichtümer, die von Gott kommen, dem Schöpfer von Himmel und Erde ; der Besitzer aller Reichtümer und Herrlichkeit. Wenn du etwas von Satan bekommst, bereite dich auf den Kummer hier und in Ewigkeit vor; weil er nicht wirklich ein Geschenk hat. Er benutzt diese kurzlebigen weltlichen Dinge, um sicherzustellen, dass du gefesselt bist, um mit ihm in der Hölle zu sein. Er ist dem Untergang geweiht und unternimmt alle Anstrengungen, die Menschen mitzunehmen. Hör zu, Satan ist bereit, dir all die "Herrlichkeit" dieser Welt zu geben, nur im Austausch für deine Seele. Deine Seele ist ihm sehr wichtig. Wahr. Bitte, holt euch meine beiden Bücher „*Generationsflüche brechen*": *Deine Freiheit* und *Macht des Mitternachtsgebets* beanspruchen, um mehr darüber zu erfahren. Entschuldigung für Abweichungen. Kommen wir zurück zu unserer Hauptdiskussion - ungewöhnlicher Erfolg.

Erfolgsbindungen

Gott hatte seine Absichten für den Menschen nicht verborgen, um auf der Erde erfolgreich zu sein. Erinnere dich von Anfang an, dass Er ihnen befohlen hatte, zu gehen und sich zu vermehren, die Erde aufzufüllen und zu unterwerfen, das göttliche Ziel zu erreichen und die totale Kontrolle zu übernehmen. Genau darum geht es beim Erfolg. Adam und Eva erhielten das Material, die Fähigkeit und die Autorität, all dies zu erreichen, aber sie entschieden sich zu versagen. Ja, Erfolg ist das Ergebnis von Entscheidungen, die Sie im Leben oder durch ein Projekt treffen. Dieses erste Paar entschied sich zu scheitern. Und was brachte sie herunter? Sie gehorchten Gott nicht!

Diese einzigartige Missachtung von Gottes Plan und Anweisungen führte zu vielen unangenehmen Konsequenzen für den Menschen und für die gesamte Schöpfung. Die gesamte Schöpfung wurde durch Sünde und Not, Versagen, Dürre, Unnachgiebigkeit, Arbeit, Krankheit und Tod verdorben. Ursprünglich wurde der Mensch und die gesamte Schöpfung gut, perfekt und ausgezeichnet gemacht. In der Tat, der Mensch sollte nicht leiden, krank werden oder sterben. Aber der Herbst brachte all das mit sich. Der perfekte Erfolg der Schöpfung wurde unterbrochen.

Plan B

Nun, Gott hatte einen Plan B und das war, um den Menschen von diesen negativen Folgen des Sturzes zu befreien, zu dem das Scheitern gehört. Genau dort in Eden machte er Pläne, den Menschen zu erlösen. Ja, deshalb hat das Wort Gottes gesagt, dass Jesus ein Lamm ist, das schon vor der Gründung der Welt erschlagen wurde. Du denkst, dass etwas, die Situation oder der Teufel Gott überrascht haben könnte? Auf keinen Fall! Gott wusste, was passieren würde, bevor es passierte, und sorgte dafür, dass es perfekt dafür sorgte. Aber darauf können wir hier nicht eingehen. Lass uns versuchen, unseren Fokus zu behalten - wie wir erfolgreich sein können.

Betritt Abraham

Der Schritt, den Menschen zu seinem ursprünglichen erfolgreichen Zustand zurückzubringen, wurde durch die Begegnung und die Bündnisse, die Abraham mit Gott im Buch Genesis hatte, wirksam in Kraft gesetzt.
Als Gott ihn rief, machte er deutlich, dass er Abraham sehr erfolgreich machen würde. Hör dir das an:
" Dann sagte der Herr zu Abram:, Lass dein Land, deine Verwandten und das Haus deines Vaters und gehe in das Land, das ich dir zeigen werde. Ich werde dich dazu bringen, der Vater einer großen Nation zu werden. <u>Ich werde dich segnen und dich berühmt machen, und ich werde dich zu einem Segen für andere machen</u>. Ich werde jene segnen, die dich segnen und diejenigen verfluchen, die dich verfluchen. Alle Familien der Erde werden durch dich gesegnet sein. "

1. Mose 12: 1-3

Beeindruckend! Das ist es! Erfolg! Ja, diese Stufe des Durchbruchs kann nur von einem Bund ausgehen. Hier werden wir versuchen, diese Aussage in Bits zu betrachten. Erstens war Abraham eine relativ unbekannte Person, die Dinge hatte, die nicht für ihn bestimmt waren. Er war in einem Chaos. Er hatte gerade seinen Bruder verloren und sein Vater, der ihn, seine Frau und einen Neffen nach Kanaan mitnahm, um auf der Suche nach einer "grüneren Weide" zu sein, starb ebenfalls auf dem Weg. In der Zwischenzeit hatte Abrahams Ehe kein Kind hervorgebracht. Also ging nichts wirklich für ihn.

In dieser Situation erschien Gott plötzlich und sagte ihm, er solle sich sofort dorthin begeben, wo er es ihm zeigen würde. Gott begann auch, ihm das zu geben, was ich als eine der größten Segnungen, die dem Menschen verheißen sind, bezeichne. Aber diese Bundesverheißung hatte eine primäre Bedingung - Gehorsam. Er muss gehen, wo er war und dorthin ziehen, wo Gott ihn haben will. Wir werden darauf zurückkommen, wenn wir über unseren Teil in diesen Bündnissen sprechen werden. Aber nehmen wir andere.

Vater einer großen Nation

Gott sagte Abraham, dass er ihn zum Vater einer großen Nation machen würde. Hast du das gelesen? Dies ist dieselbe Person wie damals, die kein Kind hatte. Nun, wie wird es möglich sein, eine Nation zu zeugen, ohne das erste Kind zu zeugen? Das ist Gott für dich. Er sieht, spricht und bereitet sich über die unmittelbaren Umstände hinaus vor. Ja, Abraham hatte kein Kind, aber Gott hatte angemessene Pläne für das Kind gemacht und sah bereits nicht nur Abrahams Kinder, sondern auch viele andere, zahllose Nachkommen des Mannes, der schließlich eine große Nation werden würde. Wo du Blöße, Unproduktivität siehst, sieht Gott große Ernte und Erfolg! Wo Sie gegenwärtig eine Dürre erleben, sieht Gott, dass Regen in Fülle kommt. Das ist die Kraft des göttlichen Bundes.

Ich werde dich segnen

Er sagte Abraham auch, dass Er ihn segnen würde. Segen bedeutet einfach zu bevorzugen, zu billigen, zu erhöhen, zu fördern. Gott sagte, dass er Abraham bevorzugen würde. Das heißt, dass Er Abraham auf göttliche Weise übernatürlich unterstützen würde. Wenn Gott euch segnet oder begünstigt, wird Seine ganze Schöpfung ihr folgen. Wo andere gehen und scheitern, wirst du gehen und erfolgreich sein. Wo du hingehst und zugrunde gehst, wirst du da sein und genährt werden. Wenn andere sagen, dass es sich niederschlägt, wirst du sagen, dass es eine Erhöhung gibt. Wenn andere Hunger, Mangel rufen, wirst du Ernte, Fülle schreien! Das ist die Funktion von göttlichem Segen und Gunst. Die Dinge werden dir übernatürlich antworten - gegen menschliche Erwartungen und Verfahren. Gott sagte zu Abraham: "Ich werde dich segnen."

Ich werde dich berühmt machen
Er sagte Abraham, dass Er ihn berühmt machen würde. Berühmt sein bedeutet, gefeiert zu werden, prominent zu sein und bekannt zu sein. Es geht hier nicht um Angeberei, Trompetenblasen oder überalles Gewichtwerfen. Nein! Gott sagt, dass dieser bisher unbekannte Mensch im Gehorsam zu Ihm gehen wird, um die Welt zu sehen, dass er von Gott gesegnet und begünstigt wurde. Die Menschen in der Umgebung werden beginnen, die Gnade, die Hand, die Herrlichkeit und die Kraft Gottes auf und um Abraham zu sehen, und sie werden keine andere Wahl haben, als ihn zu feiern. Um das besser zu verstehen, sieh dir an, was mit König Solomon passiert ist. Könige, Königinnen und Führer weit entfernter Nationen hörten, was Gott für ihn getan hatte, und sie wollten herbeikommen, um selbst zu sehen. Wir werden später darauf eingehen. Dieser Bund wird Abraham und andere, die ihn anzapfen werden, berühmt machen!

Ich werde dir einen Segen geben
Nun, dieser Teil ist sehr wichtig. Du bist noch nicht gesegnet, bis du für andere ein Segen wirst. Wahr. Viele Leute denken, dass das Sammeln von materiellem Reichtum und Positionen sie gesegnet macht. Auf keinen Fall! Materieller Reichtum oder Positionen, die nicht adäquat, angemessen genutzt, zum Segen anderer genutzt werden, sind kein wirklicher Erfolg und werden automatisch in der Hand des Inhabers wund werden. Es kann sich sogar in einen schrecklichen Fluch verwandeln. Sie sind nur ein Hüter dessen, was Sie in diesem Leben erwerben, und Gott hat ihnen erlaubt, zu Ihnen zu kommen, damit Sie ein Kanal der Verteilung an andere und für Seine Arbeit sein können. Wenn Sie dies zu irgendeinem Zeitpunkt aus den Augen verlieren, sind Sie fertig. Wir haben wirklich nichts in diesem Leben und deshalb kommen wir nackt und gehen nackt. Abraham, wird definitiv gesegnet sein, aber er muss auch wissen, dass er gesegnet war, andere zu segnen.

Ich werde diejenigen segnen, die dich segnen

Der Segen, den Gott durch diesen Bund gesetzt hat, wird nicht nur Generation, sondern ansteckend und automatisch sein. Das heißt, Ihre Kinder und Nachkommen werden daran teilnehmen. Diejenigen, die mit dir leben, dich verbinden oder mit ihnen in Kontakt kommen, werden davon infiziert werden, und diejenigen, die dich lieben, helfen und segnen, werden auch gesegnet sein. Beeindruckend! Mutter aller Segnungen! Deshalb kämpft jede weise Person, um einen Mann zu segnen, den Gott gesegnet hat. Aber die Idioten verstehen das nicht. Ja, einer der kürzesten Wege zu Größe und Erlösung ist es, einen Mann / eine Frau zu segnen, die Gott gesegnet hat. Und das Fundament / Geheimnis liegt genau hier. Gott sagte, dass diejenigen, die Abraham segnen (seine Kinder, Nachkommen, Israel und du), gesegnet werden. Und diejenigen, die törichterweise verfluchen, schänden, missbrauchen, gegen sie arbeiten, sollen gegenseitig belohnt werden. Das ist Sein Wort!

Nun, nachdem Gott diese Erklärungen gemacht hatte, gehorchte Abraham, und der Bund begann sofort zu wirken. Wohin er auch ging, alles, was er berührte, wurde erfolgreich. Der schützende Teil davon hat auch gesprochen. Schau, als er mit Sarah nach Ägypten ging. Der ägyptische König nahm Sara und sofort schickte Gott eine schreckliche Plage auf seinen Haushalt, dass er praktisch Abraham anflehte, seine Frau zurückzunehmen und ihr Land zu verlassen.

Bündnisse ziehen Erfolg, Gunst, Schutz usw. an. Abraham wurde sehr reich, berühmt und mächtig in der Kraft dieses göttlichen Bundes. Er hat seine Feinde besiegt. Die Nacktheit in seiner Familie war gebrochen. Er hatte Kinder und starb später im reifen Alter von 175 Jahren. In der Tat sagte das Wort Gottes,

"Denn Abram war sehr reich an Vieh, Silber und Gold."

1   Mose 13: 2

Dies sind die Dinge, die Sie in diesen Tagen messen und speichern, und Abraham hatte sie im Überfluss. Zu einer Zeit konnte das Weideland seine Herden nicht annehmen, die sich übernatürlich vermehrten. Bündnisse sprechen und sind sehr kraftvoll! Sie beginnen und institutionalisieren Erfolge, wenn sie sorgfältig befolgt werden. Nun, dieser Bund des Segens ist wie gesagt Generationen. Es würde nicht nur für Abraham sein, sondern für seine Kinder, Nachkommen, Israeliten und alles, was sich im Glauben mit dem Gott

Abrahams identifizieren wird. Deshalb ging der Segen weiter und ist heute noch aktiv. Hör dir das an,

"... dann sagte Gott zu ihm:" Dies ist mein Bund mit: Ich werde dich zum Vater nicht nur einer Nation, sondern einer Vielzahl von Nationen machen! Außerdem ändere ich deinen Namen. Es wird nicht länger Abram sein; Jetzt wirst du als Abraham bekannt sein, denn du wirst der Vater vieler Nationen sein. Ich werde dir Millionen von Nachkommen geben, die viele Nationen vertreten werden. Könige werden unter ihnen sein! "

<u>Ich werde diesen ewigen Bund zwischen uns fortsetzen, Generation für Generation. Es wird für immer zwischen mir und deinem Nachwuchs weitergehen. Und ich werde immer dein Gott und der Gott deiner Nachkommen sein.</u> Ja, ich werde dir und deinem Nachwuchs für immer dieses Land Kanaan geben. Und ich werde ihr Gott sein. "

1. Mose 17: 3-8

Das ist es! Dieser schöne Bund fließt auf uns, auf unsere Kinder und auf alle, die an den Gott Abrahams, unseres Gottes, glauben. Es ist für den Samen Abrahams von Geburt und vom Glauben! Für uns!

Isaak
Nun sieh dir die unmittelbaren Nachkommen Abrahams an. Der Bund des Erfolgs ging weiter auf ihn ein, auch wenn sein Vater nicht mehr da war. In der Tat wurde es nach und nach verbessert. Es wurde besser. Ja, die Bibel sagte, dass Abraham reich gesegnet war, aber was zu seinem Sohn Isaak kam, war es, dass es über ihn gegossen wurde. Das heißt, es regnete schwer auf ihn. Schau es dir hier an:
"Nach Abrahams Tod gab Gott reiche Segnungen an Isaak, der sich in der Nähe von Beer-lahairoi im Negev niederließ."
Genesis 25:11
Hast du das gehört? Segen wurde geregnet, geduscht auf Isaac! Sogar, als überall im Land Dürre herrschte, pflanzte Isaak dasselbe Jahr und erntete hundertfach! Bündnisse

lassen dich sogar in Dürreperioden ernten. Wahr. Wenn andere weinen, wirst du dich freuen. Die göttlichen Bündnisse respektieren die Jahreszeiten nicht. Sie sind immer bestrebt, zu jeder Zeit wie programmiert zu funktionieren. Sie sind *unwesentlich*! Wenn andere verlieren, wirst du gewinnen. Betrachte nochmals die Art und Weise, wie die Bibel über Isaak-Erfahrung sprach:

"In diesem Jahr waren Isaacs Ernten enorm! Er erntete hundertmal mehr Getreide, das er keuchte, denn der Herr segnete ihn. Er wurde ein reicher Mann, und sein Reichtum wuchs nur weiter. Er erwarb große Herden von Schafen und Ziegen, große Viehherden und viele Diener. Bald wurden die Philister neidisch auf ihn. "
Genesis 26:12-14

Dein Reichtum, dein Erfolg wird im Namen Jesus weiter wachsen! Wenn Sie vom Himmel begünstigt werden, haben Sie keine Wahl, als weiter zu wachsen. Die Salbung der Expansion wird dich sofort belagern. Das war richtig, wenn man Isaac einschenkte! Sobald es göttlich in Bewegung gesetzt ist, kann niemand etwas dagegen tun. Es wird nur weiter wachsen. Ein sehr wohlhabender christlicher Mann vertraute mir einmal an, dass er nicht erklären konnte, wie sein Geschäft wuchs, dass das Ganze völlig außer Kontrolle war. Das heißt, die Erweiterung ist phänomenal. Beeindruckend! Wahrer Erfolg kommt von Gott!

Selbst als König Abimelech und seine Philister nach der Verfolgung von Isaak immer noch anerkannten, dass die Hand Gottes mit ihm war. Tatsächlich kamen sie wegen der göttlichen Segnungen (Gunst), die sie über ihn sahen, zu einem Vertrag mit Isaak. Die Welt wird die Gunst Gottes auf dich sehen und erkennen! Sie werden von allen Teilen der Erde kommen, um zu sehen, was der HERR in deinem Leben getan hat. Segnungen haben Grade. Hör dir das an:

Eines Tages hatte Isaak Besuch von Gerar. König Abimelech kam mit seinem Berater Ahuzzah und seinem Feldherrn Phicol an. »Warum bist du gekommen?«, Fragte Isaac sie. "Dies ist offensichtlich kein freundschaftlicher Besuch, da du mich auf höchst unfreundliche Weise aus deinem Land geschickt hast."

Sie antworteten: <u>Wir können deutlich sehen, dass der HERR mit dir ist. Also entschieden wir, dass wir einen Vertrag haben sollten, einen Bund zwischen uns.</u>

Schwöre, dass du uns nicht schaden wirst, so wie wir dir nichts getan haben. Wir haben dich immer gut behandelt und wir haben dich in Frieden von uns weggeschickt. **Und nun schau, wie der HERR dich gesegnet hat!**
1 Mose 26: 26-29

Beeindruckend! Gott kann dich segnen, dass sogar deine Feinde und Konkurrenten gezwungen werden, sich dir zu unterwerfen oder deine Gunst zu suchen. Dieser Typ wurde tatsächlich gesegnet. Sie sehen, was wir gesagt haben. Göttlicher Erfolg ist ein rundum gelungener Erfolg. Es kommt mit Reichtum, Ruhm, Gnade, Frieden, Gunst und Schutz.

Weil ich diese Prinzipien verstehe, bete ich immer, dass meine Kinder besser und mächtiger sein werden als ich. Es geht von einer Generation zur anderen. Wenn ich meine Hände auf meine Kinder lege, bitte ich Gott immer, sie größer zu machen als ich. So funktioniert es. Ja, wie es bei Abraham und Isaak war, so auch bei Jakob. Dies sind die Vorläufer dieses Erfolgsbündnisses. Gott sagt, dass Er immer als der Gott Abrahams, Isaaks und Jakobs bekannt sein wird. Das bedeutet einfach, der Gott, der Seine Bundesversprechen nicht brechen kann. Lass uns weitermachen, bitte.

Jacob

Dann sieh dir den nächsten Erben dieses Bundes an - Jakob. Obwohl er nicht einmal so gut wie sein Vater und Großvater war, weigerte sich der Bund, ihn zu lassen. Er betrog seinen Bruder, rannte von zu Hause weg, aber die göttliche Hand verfolgte ihn immer noch, bis er Erfolg hatte. Erinnert euch daran, als Gott ihn traf, als er in Haran floh, kam er an einen Ort, den er später Bethel nannte, verzweifelt und erschöpft, versuchte er zu schlafen und Gott sprach zu ihm:

"... Ich bin der HERR, der Gott deines Großvaters Abraham und der Gott deines Vaters, Isaak ... Ich werde ständig bei dir sein, bis ich dir alles gegeben habe, was ich dir versprochen habe."
Mose 28: 13-15

Ja, egal wo du bist, egal in welcher Situation du durchgehst, der Bund wird dir folgen. Es klebt. Jacob entkam nur für sein Überleben, aber Gott hatte etwas größeres für ihn und es war in seiner DNA eingebettet. Er war sich zu diesem Zeitpunkt wegen der Situation und der Unsicherheit seiner Zukunft nicht sicher, aber Jehova, der weder vergaß noch enttäuschte, erklärte immer noch, dass das Abkommen, das Er mit seinem Großvater und seinem Vater einging, noch am Leben war! Ja, es lebt und es wird funktionieren! Gottes Wort über dein Leben wird definitiv funktionieren!

Die göttliche Hand führte ihn zu Laban. Sie werden finden, was Sie suchen! Es gedieh ihm dort. Er heiratete die Tochter des Mannes und war auch angestellt, um für seinen Schwiegervater zu arbeiten. Gott begann Laban zu erblühen, weil Jakob anwesend war. Tatsächlich gestand der Mann das offen, als Jacob ihm sagte, dass er ging. Höre Laban,

"Bitte verlass mich nicht", antwortete Laban, "denn ich habe durch Weissagung gelernt, dass der Herr mich gesegnet hat, weil du hier bist."

Mose 30:27

Jakob wurde nicht nur gesegnet, sondern seine Gegenwart zog auch göttliche Segnungen und Vermehrung in seine Umgebung an. Die Gegenwart eines gesegneten Mannes tut genau das. Selbst seine Grüße, Gedanken und Gebete tun dasselbe. Deshalb musst du sicherstellen, dass du ihn gut behandelst. Wahr. Wenn du ihn segnest, wirst du gesegnet sein. Wenn du ihn verfluchst, wirst du sicher verflucht sein. Du musst ihn nur jedes Mal in Gedanken, Worten und Taten segnen.

Jakob war in allen Bereichen sehr gesegnet. Selbst als Laban und seine Kinder eifersüchtig, wütend und unfreundlich, manipulativ und beraubend wurden, änderte das nichts. Gott segnete ihn weiterhin. Je mehr er verfolgt wurde, desto mehr wuchs er! Mein Gott! Dieser Gott kann sich niemals ändern! Sieh dir die untere Zeile an:

"Infolgedessen nahmen Jakobs Herden schnell zu, und er wurde sehr wohlhabend, mit vielen Dienern, Kamelen und Eseln."

Mose 30:43

Jetzt hör ihm direkt zu:

"... Als ich von zu Hause wegging, besaß ich nichts als einen Spazierstock, und jetzt füllt mein Haushalt zwei Lager!"

Mose 32:10

Gelobt sei Gott! Das ist es! Von nichts zu Größe! Er kehrte mit seiner Familie in Scharen in das Land seines Vaters zurück. Dies war die Person, die allein von seinem Leben geflohen ist, traumatisiert, deprimiert, gedemütigt, hungrig usw. Nun kehrt er sehr erfolgreich zurück. Es ist nur Gottes Bund, der diesen Weg gehen kann.

Diese göttliche Vereinbarung ist auch für uns heute. Dieser Bund umfasst uns. Gott sagte, dass es für Abrahams Nachkommen für immer sein wird! Und das Wort Gottes hat uns sehr deutlich gemacht, dass wir seine Kinder im Glauben sind. Also sind alle Segnungen Abrahams unsere. Sie sind deine! Preis sei Gott! Wenn Sie es anzapfen, werden Sie auch sehr erfolgreich sein wie Abraham, Isaak und Jakob. Aber wir brauchen auch unseren Glauben und Gehorsam, um ihn vollständig zu aktivieren. Ja, Glaube und Gehorsam gehen zusammen, um erfolgreich zu sein.

Gehorsamkeit
Abraham wurde erfolgreich; Er erhielt all diese Versprechen und Aufführungen, weil er Gott aufrichtig gehorchte. Als ihm gesagt wurde, er solle das Haus, den Platz und die Leute seines Vaters verlassen, ohne sich zu streiten oder zu rationalisieren, gehorchte er einfach. Als er gebeten wurde, seinen einzigen Sohn zu opfern, ohne zu fragen, gehorchte er. Er war ausverkauft an Gott, und Er machte ihn sehr erfolgreich. In der Tat, als er befolgte, um seinen Sohn "zu opfern", wurde Gott sofort bewegt, um ihm zu schwören. Ja, totale Gehorsamkeit kann Gott dazu bringen, extra zu gehen, um Sein Wort über dich zu bringen. Gehorsamkeit ist der Schlüssel. Seht, was nach dieser historischen Gehorsamkeit in Moriah geschah:

"Da rief der Engel des HERRN wieder zu Abraham aus dem Himmel," so spricht der HERR: Weil du mir gehorcht und deinem geliebten Sohn nicht vorenthalten hast, so schwöre ich dir selbst, dass ich dich reichlich segne. Ich werde deine Nachkommen zu unzählige Millionen vermehren, wie die Sterne am Himmel und der Sand am Meer. Sie werden ihre Feinde besiegen, und durch deine Nachkommen werden alle Nationen der Erde gesegnet sein - alles, <u>weil du mir gehorcht hast.</u> "
Mose 22: 15-18

Macht der Gehorsamkeit! Hast du hier etwas bemerkt? Das Versprechen des Bundes erweiterte sich und wurde auch aufwendiger. In der ersten Version in Genesis 12 gab es kein Fluchen, keine Schwüre, keine Eroberung von Feinden und keine Sterne und Küsten. All dies wurde infundiert, um das Versprechen wegen Abrahams Gehorsamkeit zu "polieren". Unsere totale Gehorsamkeit stärkt, festigt, strahlt, versüßt und erweitert und festigt Gottes Versprechen auf unser Leben. Je tiefer deine Gehorsamkeit ist, desto höher ist dein Erfolg. Isaak und Jakob lebten auch in Gehorsamkeit.

Als es eine Hungersnot gab und Gott Isaak warnte, nicht nach Ägypten zu gehen, sondern in Gerar zu bleiben, gehorchte er. Und im selben Jahr pflanzte und geerntete er im selben Land hundert Falten. Gehorsamkeit ist der Schlüssel zu unserem Erfolg. Dann wurde Jakob nach dieser göttlichen Begegnung in Bethel sehr spirituell und gehorsam. Er begann von Gott zu hören. Er begann, Gott in Betracht zu ziehen. Ja, er musste das tun. Erinnere dich an diese epochale Aussage, nachdem er diese großen Offenbarungen und göttlichen Zusicherungen im Bethel erhalten hat:

"Dann machte Jakob dieses Gelübde:" Wenn Gott mit mir sein wird und mich auf dieser Reise beschützen und mir Essen und Kleidung geben wird, und wenn er mich sicher zu meinem Vater zurückbringt, dann werde ich den HERRN, meinen Gott, machen. Diese Gedenksäule wird ein Ort sein, an dem Gott verehrt wird, und ich werde Gott ein Zehntel von allem geben, was er mir gibt. "
Genesis 28-20-22

Hast du das gesehen? Der Typ wurde tatsächlich durch diese kraftvolle Begegnung mit einer einzigen Nacht verwandelt. Danke Gott! Er war jetzt bereit, sich Ihm zu unterwerfen. Er war bereit, menschliche Weisheit, Manipulation und Betrug zu verlassen. Wir müssen zu totaler Gehorsamkeit gegenüber Gottes Wort und Führung zurückkehren, wenn wir erfolgreich sein wollen. Wir müssen herausfinden, was uns die Bibel sagt. Was sagt die Bibel über die Heiligkeit?

Über das Geben? Über den Zehnten? Über Hilfe anderen? Über die Investition in die Dinge Gottes? Wir müssen all dies herausfinden und ihnen gehorchen. Hierin liegt unser Erfolg. Wenn du gibst, wirst su bekommen. Wenn du den Zehnten bezahlst, sind die

Fenster des Himmels für dich geöffnet und die Verschlinger werden für dich zurechtgewiesen. Das ist das Wort Gottes!

Frucht der Gehorsamkeit

Wenn du Gott gehorchst, fängst du sofort an, die Frucht zu ernten. Seht euch an, was passiert ist, als Jesus Simons Fischerboot zum Predigen benutzte. Nach der Botschaft bat der HERR Simon, in die Tiefe zu gehen. Die Männer, die die ganze Nacht nichts gefangen hatten und die Netze wuschen, um nach Hause zu gehen, hatten eine Tasche voller Entschuldigungen, die sie Jesus geben konnten. Aber Gott sei Dank haben sie endlich gehorcht und das Ergebnis war großartig! Um dem Meister zu gehorchen, hatte er einen netzbrechenden Haken, der ihre beiden Boote füllte und die Nothilfe anderer brauchte, um zu evakuieren. Gehorsam bringt einen bahnbrechenden Durchbruch. Es kehrt eine Nacht der Arbeit zu einer Morgendämmerung des erstaunlichen großen Fangs um.

Zurück zu Nehemia, kannte er die Macht der Bundesbestimmungen Gottes und beschloss, sie hier anzurufen. Er sagte, dass Gott seinen Bund der unerschütterlichen Liebe mit denen hält, die ihn lieben und seinen Befehlen gehorchen. Das ist wahr!

Fünftes Kapitel
Höre auf mein Gebet

Nachdem Nehemia den Bund Gottes angerufen hatte, flehte er ihn an, auf seine Gebete zu hören. Ja, wir können nicht ohne Gebet auskommen, wenn wir wirklich erfolgreich sein wollen. Das Gebet hier bittet Gott einfach, dir zu helfen. Und du weißt bereits, dass der Psalmist sagte, dass wenn Gott keine Stadt baut, die die Erbauer vergebens arbeiten werden. Das ist wahr. Wenn Gott dir nicht hilft, dann werden all deine Bemühungen um Erfolg und Durchbruch definitiv vergeblich sein. Das Wort Gottes macht deutlich, dass Beförderung, offene Türen, Gunst nur von Ihm kommen. Deshalb müssen wir immer darauf vertrauen, dass er diese Türen des Segens für uns öffnet und erhält, und das ist es, was das Gebet darstellt. Der Gläubige tut, was man nicht tun kann. Es stimuliert, verbessert, befruchtet und krönt Ihre Bemühungen.

Nehemia wusste all dies. Er wusste, dass er die Hand und die Hilfe Gottes in diesem Projekt brauchte und er tat nicht so. Er wusste, dass ohne Gott die Mission unmöglich wäre. Höre ihn:

**"Höre auf mein Gebet! Schau herab und sehe mich Tag und Nacht beten für dein Volk Israel. Ich gestehe, dass wir gegen dich gesündigt haben. Ja, sogar meine eigene Familie und ich haben gesündigt ... Bitte erinnere dich daran, was du deinem Diener Moses gesagt hast: "Wenn du sündigst, werde ich dich unter die Nationen zerstreuen. Aber wenn du zu mir zurückkehrst und meine Befehle befolgst, selbst wenn du an die Enden der Erde verbannt bist, werde ich dich an den Ort zurückbringen, den ich gewählt habe, damit mein Name geehrt wird. "
Nehemia 1: 6-9**

Egal wie schlimm die Situation ist, das Gebet wird es erlösen. Schau dir an, wie dieser Typ sich Zeit nahm, um Gott an seine Verheißungen zu erinnern. Bemerkst du diese gängige Praxis unter den großen Männern Gottes in der Bibel? Du nimmst dir Zeit, um Dinge mit Gott zu bügeln. Das ist sehr lehrreich. Wenn wir mehr Zeit im Gebet verbringen, dann wird jede kleine Anstrengung, die wir machen, zu maximalen Ergebnissen führen. Das ist es, was die meisten Menschen nicht erkennen. Je mehr Zeit du vor Gott verbringst, desto weniger Mühe wirst du investieren, um die gewünschte maximale Leistung zu erhalten.

Hast du über dieses Projekt gebetet? Hast du Gott um seinen Segen gebeten? Bist du im Geist durchgebrochen? Denke daran, wir haben früher festgestellt, dass der Geist das Physische kontrolliert. Alles, was du im Physischen bekommst, muß dir zuerst im Geiste gegeben werden. Sie müssen im Geist erfolgreich sein, um ein Erfolg im Physischen zu werden. Wahr! Nehemia betete, fastete, weinte, trauerte und stritt mit Gott. Er hat Gottes Verheißungen aufgegriffen und ihm die Gründe gegeben, warum er das Projekt *"Operation Wiederaufbau Jerusalem"* unterstützen muss. Jedes Projekt auf den Knien wird automatisch zum Erfolg.

Nun, bevor wir weitermachen, muss ich hier auf etwas hinweisen. Nehemia begann gleich nach der Konzeption des Projekts zu beten. Er wartete nicht darauf, Schwierigkeiten zu begegnen, bevor er zu Gott rannte. Nein! Er betete zu Beginn und in verschiedenen Phasen des Projekts. Er betete weiter, bis der Job erledigt war. Er hörte nicht auf.

Selbst als er das Projekt vor dem König erwähnte, war er in der Stimmung des Gebets. Wahr. Hör dir das an:

Zu Beginn des folgenden Frühlings, während des zwanzigsten Regierungsjahres von König Artaxerxes, diente ich dem König als sein Wein. Ich war nie zuvor in seiner Gegenwart traurig gewesen. Da fragte mich der König: Warum bist du so traurig? Du bist nicht krank, oder? Du siehst aus wie ein Mann mit tiefen Schwierigkeiten.

Da fürchtete ich mich sehr, aber ich antwortete: Lang lebe der König! Warum sollte ich nicht traurig sein? Denn die Stadt, in der meine Vorfahren begraben sind, ist in Trümmern, und die Tore sind niedergebrannt.

Der König fragte: "Nun, wie kann ich dir helfen?" <u>Mit Gebet an den Gott des Himmels</u> antwortete ich: "Wenn es Eurer Majestät gefällt und wenn Sie mit mir zufrieden sind, Ihr Diener, schicken Sie mich nach Juda, um die Stadt wieder aufzubauen wo meine Vorfahren begraben sind."

Nehemia 2: 1-5

Kannst du das besiegen? Manche Männer sind wirklich großartig! In der Tat atmete er während der gesamten Mission Gebete. Kein Wunder, dass er erfolgreich war. Seht euch das an: "Mit einem Gebet zum Gott des Himmels antwortete ich." Das nenne ich atmendes Gebet. Er antwortete nicht, machte keinen Schritt mit dem Beten. Es ist nicht so, dass Sie Lärm machen und ein Ärgernis darstellen. Nein! Aber in deinem Herzen verbindest du dich in deinem Geist mit Ihm. Das bedeutet auch, im Geist zu leben / zu gehen - konsequent mit Gott des Himmels zu verbinden. Nehemia war ständig im Gebet für Gott, um sein Projekt zu segnen. Es gibt Zeiten zu murmeln, zu flüstern, zu stöhnen, zu strahlen, auszusenden, zu sprechen, zu rufen und das Gebet zu wiederholen. Die Umgebung, die Situation und die geistige Atmosphäre werden bestimmen. Aber am wichtigsten bleiben Sie in Verbindung. Gebet bringt Erfolg!

Es gibt niemanden in der Bibel, der Erfolg hat, ohne zu beten und von Gott abhängig zu sein. Wahr. Bitte, ich möchte nicht vorgeben, hier alle zu diskutieren, aber wir werden nur einige erwähnen, die sich auf unsere Diskussion beziehen. Lass uns gehen:

Jesus

Schau auf unseren Herrn Jesus Christus. Er konnte seine Mission durch Gebet perfekt erfüllen. Er betete die ganze Zeit. Tatsächlich entdeckte ich, dass Er sich immer in die Berge zurückzog, um zu beten, besonders in der Nacht. Er betete täglich für den Erfolg seines Dienstes und seiner Mission. Er betete die ganze Nacht, um effektiv am Tag zu dienen. Sie müssen nur meine Bücher *Kraft der Mitternacht Gebet* und *Gebet von Josaphat*. Sie werden sofort den Geist des Gebets auf dich loslassen. Große Männer und Frauen strahlen das Gebet aus.

Abrahams Diener

Ich kann ein perfektes Beispiel dafür sehen, was wir hier zu erklären versuchen. Du erinnerst dich, als Abraham seinen Diener ausgesandt hat, um eine Frau für Isaak von seinem Volk zu holen. Diese besondere Aufgabe sah nicht einfach aus und sollte in einem sehr weit entfernten Land gemacht werden. Der Auftrag wurde erteilt und genommen und schlimmer unter einem Eid. Die Mission muss erfüllt sein! Es muss erfolgreich sein!

Gott sei Dank, dass der Diener vom Gott Abrahams und von der Kraft des Gebets wusste. Was Sie wissen und anwenden, wird immer den Unterschied machen, wenn Herausforderungen auftreten. Als er das Dorf erreichte, vor dem er gesandt wurde, entschied er sich zu beten. Er wusste, dass nur Gott ihn dazu bringen konnte, seine Mission zu erfüllen. Weiser Mann! Hör ihm zu:

"O HERR, Gott meines Herrn", betete er. Gib mir Erfolg und zeige meinem Herrn Abraham Freundlichkeit. Hilf mir, den Zweck meiner Reise zu erreichen. Siehe, ich stehe hier neben dieser Quelle, und die jungen Frauen des Dorfes kommen heraus, um Wasser zu schöpfen. Das ist meine Bitte. Ich werde einen von ihnen auf einen Drink bitten. Wenn sie sagt: "Ja, sicher, und ich werde auch deine Kamele gießen! - Lass sie diejenige sein, die du zu Isaaks Frau ernannt hast. Dadurch werde ich wissen, dass du meinem Herrn Freundlichkeit gezeigt hast.

Während er noch betete, kam eine junge Frau namens Rebekah mit einem Wasserkrug auf ihrer Schulter an. Ihr Vater war Bethuel, der Sohn von Abrahams Bruder Nahor und seiner Frau Milka. Jetzt war Rebekka sehr schön und sie war eine Jungfrau; kein Mann hatte jemals mit ihr geschlafen. Sie ging hinunter zur Quelle, füllte ihren Krug und kam wieder hoch. Der Diener rannte zu ihr hinüber und fragte: "Bitte gib mir etwas zu trinken."

»Sicher, Sir«, sagte sie, und sie ließ schnell den Krug sinken, damit er trank. Als er fertig war, sagte sie: »Ich werde auch Wasser für deine Kamele holen, bis sie genug haben!« Also leerte sie schnell den Krug in die Tränke und rannte wieder zum Brunnen. Sie trug Wasser zu den Kamelen, bis sie getrunken hatten ...

Aber er sagte: "Verhindere meine Rückkehr nicht. <u>Der HERR hat meine Mission erfolgreich gemacht</u>, und ich möchte meinem Herrn Bericht erstatten. " Mose 24: 12-20, 56

Erfolgreiches Projekt! Dies ist in der Tat Mission erfüllt! Gott beantwortet wirklich Gebete. So endet jede Vision, die mit Gebeten geboren und gepflegt wird. Höre die Erklärung dieses Dieners: "Der HERR hat meine Mission erfolgreich gemacht!" Ich liebe das. Dies soll auch dein Zeugnis sein, wenn du mit Gott in das Projekt im mächtigen Namen Jesu gehst! Das Gebet koordiniert all unsere anderen Bemühungen und bringt sie zusammen, um unsere gesetzten Ziele zu erreichen. Das Gebet verbessert, was wir tun können, und tut auch, was wir nicht tun können.

Der reichste und weiseste Mensch der je lebte - Salomo war ein Mann des Gebetes. Der mächtigste Mann - Samson war ein Mann des Gebetes und auch der mächtigste und bevorzugte König Israels - David war auch ein Gebetsmann. Wir hatten zuvor Jesus erwähnt, der auch durch das Gebet zum größten Wesen im ganzen Universum wurde. Zeig mir einen wirklich erfolgreichen Mann / Frau und ich werde dir einen zeigen, der nie vergisst zu beten. Nun, das bedeutet einfach, dass, wenn du in irgendeinem Bereich deines Lebens erfolgreich sein willst, musst du immer beten.

Salomon

Salomon wird für immer der reichste Mann sein, der jemals auf dieser Erde wandeln wird. Das hat Gott gesagt. Und es war seine Interaktion mit Gott, die dazu führte. Nachdem er dieses monumentale Opfer in Gibeon vollbracht hatte, konnte Gott es nicht erwarten, in derselben Nacht zu ihm hinunterzustürmen und die Interaktion einzuleiten, die Salomons Leben für immer verändern würde. Das ist sicher eines der größten Gebetsstufen in der Bibel. Ja, die göttlichen Aktivitäten im Traum (im Geiste) sind höher als diejenigen im vollen Bewusstsein, weil du im Geiste hundertprozentig dazu benutzt wirst, das Äußerste durch die Kontrollmacht zu erreichen. Das Gebet auf dieser Ebene ist oft höher und kraftvoller als das volle Bewusstsein. Es wird gewöhnlich vom Heiligen Geist begonnen, geleitet und kontrolliert. Lies einfach Solomons Erfahrung:

"In dieser Nacht erschien Gott Salomo in einem Traum und sagte:" Was willst du? Bitte, und ich werde es dir geben! "Salomo antwortete Gott:" Du warst meinem Vater David gegenüber so treu und freundlich, und jetzt hast du mich zum König an seiner Stelle gemacht. Nun, Herr, Gott, bitte halte dein Versprechen gegenüber David, meinem Vater, denn du hast mich zum König gemacht über ein Volk, das so zahlreich ist wie der Staub der Erde! Gib mir Weisheit und Wissen, um sie richtig zu regieren, denn wer kann diese große Nation von dir regieren? Gott sagte zu Salomo: Weil es dein größter Wunsch ist, deinem Volk zu helfen, und

du nicht um persönlichen Reichtum und Ehre oder den Tod deiner Feinde oder um ein langes Leben gebeten hast, sondern um Weisheit und Wissen, um mein Volk richtig zu regieren Ich werde dir sicherlich die Weisheit und das Wissen geben, die du verlangt hast. Und ich werde dir auch <u>Reichtümer, Reichtum und Ehre geben, wie es kein anderer König jemals zuvor getan hat oder jemals wieder haben wird</u>! "
2 Chronik 1: 7-12

Groß! Nach dieser Erfahrung kehrte Salomo nach Jerusalem zurück und alles begann zu wachsen und sich in seinen Händen zu vermehren! Beeindruckend! Könige, Königinnen und Nationen brachten ihm Geschenke, Ehrungen, Geschäfte und Gunst. Dieses Maß von Segen und Erfolg kann nur durch eine göttliche Begegnung - Gebet - erreicht werden. Das Gebet erhöht deine Bemühungen und Errungenschaften zu einer größeren Wirkung. Es gibt keine Möglichkeit, dass Ihre Zeitgenossen mit Ihnen übereinstimmen, wenn Sie beten. Wenn du über deinen Zeitgenossen stehen willst, dann bete über deinen Mitbewerbern. Das ist nur das Geheimnis von Menschen wie Jesus. Wahr. Schau dir die Bibel noch einmal an. Alle Männer und Frauen, die astronomisch zum Gebet kommen, sind über die Zeitgenossen hinausgekommen. Holen Sie sich Gottes Gefallen auf Ihre Knie und alles wird sich Ihnen unterwerfen. All die Dinge, für die du kämpfst, werden für dich kämpfen.

Solomon wird sich durch diese Wechselwirkung über alle Könige erheben, die jemals auf der Erde gelebt haben und jemals leben werden! Gebet zieht monumentalen, Generationen Erfolg! (Warte, bis du mein Buch "Kraft des Opfers" gelesen hast, das unmittelbar danach kommt). Willst du etwas über die Erfolge dieses Mannes erfahren? Können Sie sie quantifizieren? Bist du sicher? Hör mal zu:

"Während der Herrschaft Salomos waren Silber und Gold in Jerusalem so zahlreich wie Steine. Und wertvolles Zedernholz war so verbreitet wie das Platanenholz, das in den Ausläufern Judas wächst. "
2   Chronik 1:15

"Jedes Jahr erhielt Solomon etwa 25 Tonnen Gold. Die zusätzlichen Einnahmen, die er von Händlern und Händlern erhielt, waren darin nicht enthalten. Alle Könige von Arabien und die Gouverneure des Landes brachten auch Gold und Silber zu Salomo

König Salomon machte zweihundert große Schilde aus gehämmertem Gold, von denen jedes über 15 Pfund Gold enthielt. Er machte auch dreihundert kleinere Schilde aus gehämmertem Gold, von denen jedes etwa 7 ½ Pfund Gold enthielt ... Der König hatte eine Flotte von Handelsschiffen, die von den von Hiram gesandten Matrosen bemannt waren. Alle drei Jahre kamen die Schiffe zurück, beladen mit Gold, Silber, Elfenbein, Affen und Pfauen. So wurde König Salomo reicher und weiser als jeder andere König auf der ganzen Erde. Könige aus allen Nationen kamen, um ihn zu besuchen und die Weisheit zu hören, die Gott ihm gegeben hatte. Jahr für Jahr brachte jeder, der ihn besuchte, Geschenke von Silber und Gold, Kleidung, Waffen, Gewürze, Pferde und Maultiere. "
2 Chronik 9: 13-24

Erfolg! Monumentaler Erfolg! Rundumerfolg! Das Wort Gottes muss sich erfüllen. Er wurde in allen Bereichen gesegnet und er wurde auch ein Segen für andere, für die ganze Welt. Dies ist nur eine gekürzte Version des Reichtums und der Errungenschaften dieses Mannes. Wir sprachen nicht über seinen grandiosen Palast, den prächtigen, mit Gold überzogenen, historischen, massiven Tempel in Jerusalem. Was ist mit den riesigen Militär, Ausrüstung und Exploits? Das war wirklich ein Erfolg! Er wurde von Gott bevorzugt. Und all das kam aus der Begegnung mit Gott. Nur eine Nacht! Wenn du betest, wirst du wie Salomon gesegnet sein.

Samson

Sieh dir Samson den Großen an. Seine Aufgabe war es, Israel von 40 Jahren Knechtschaft in den Händen der Philister zu befreien. Er machte den Job, war aber leider von der Weltlichkeit abgelenkt. Dann befand er sich in einer sehr schrecklichen Situation, die das ganze Projekt und sein Leben bedrohte. Tatsächlich schien es keinen Weg zu geben, sich zu erholen oder zu erholen. Das ganze Projekt wurde entgleist. Die Bibel sagte, dass er gefangen, rasiert, geblendet, gespielt und mit harter Arbeit ins Gefängnis gesteckt wurde.

So finden wir uns manchmal, besonders wenn wir uns weigern, beim Wort Gottes zu bleiben. Du wachst einfach auf und siehst, dass dieses Projekt plötzlich gefangen ist. Sie schauen sich um und es scheint, dass es keine Möglichkeit der Genesung oder des Überlebens geben wird. Ja, manchmal erlebt man das in deinem Leben oder in der Verfolgung deiner Vision. Die meisten erfolgreichen Menschen tun es. Vielleicht bist du jetzt sogar in einer solchen Situation. Hör zu, du wirst dich erholen! Ich sagte, dass du dich erholen wirst! Dieses Projekt wird im Namen Jesu wieder auferstehen! Samson war dort. Gott sei Dank, nach all diesen Rückschlägen und Prüfungen, sagte die Bibel, dass Samsons Haare wieder zu wachsen begannen! Und ich sehe dich, deinen Traum, und dein Geschäft wächst wieder. Du bist nicht bis zum Ende der Straße gekommen. Wenn Sie das tun können, was Samson hier gemacht hat, dann haben Sie den endgültigen Durchbruch. Und was hat er getan? Er betete!

Als er betete, ist es laut der Aufzeichnung erfolgreicher, als er den Rest seines Lebens hatte. Das ist die Kraft des Gebetes. Ja, gibt es in deiner Bibel. Lass uns gehen:

Samson sagte zu dem Diener, der ihn an der Hand führte: Setze meine Hände gegen die beiden Säulen. Ich möchte mich gegen sie ausruhen. "Der Tempel war komplett mit Menschen gefüllt. Alle Philisterführer waren dort, und dreitausend waren auf dem Dach, die Samson beobachteten und sich über ihn lustig machten. <u>Da betete Simson zum HERRN, HERR, HERR, gedenke mir wieder. Oh Gott, bitte stärke mich noch einmal, damit ich den Philistern für den Verlust meiner Augen zurückzahlen kann.</u> "Dann legte Samson seine Hände auf die Mittelsäulen des Tempels und drängte sich mit seiner ganzen Kraft gegen sie. »Lass mich mit den Philistern sterben«, betete er. Und der Tempel stürzte auf die Philisterführer und alle Menschen nieder. <u>So tötete er mehr Menschen als er während seines ganzen Lebens gestorben war.</u>
Richter 16: 26-30

Beeindruckend! Hast du das gelesen? "Herr, HERR, erinnere dich wieder an mich!" Ich habe jedes Mal, wenn ich diesen Ort lese, immer nasse Augen. Selbst wenn Menschen (sowohl Freunde als auch Feinde) dachten, dass es keine Hoffnung mehr für ihn gab, kam plötzlich der endgültige Durchbruch! In einem einzigen Versuch, mit offensichtlichen Einschränkungen, erzielte er mehr Erfolg als er den ganzen Rest seines Lebens hatte. Dies wird deine Erfahrung sein, wenn Gott dir zu Hilfe kommt. Jetzt werden Sie diesen Anfall erreichen, ohne Ihre Sehkraft, Freiheit, Schönheit, göttliche Beziehung und Ihr Leben zu verlieren. Dieser Teil deines Lebens, das "rasierte" Projekt, wird ab heute im Namen Jesu wieder wachsen! Das Gebet wird dir helfen, deine Ziele zu erreichen, und selbst wenn du entgleisest oder abgelenkt wirst, wird es dir nicht nur helfen, wieder auf den richtigen Weg zu kommen, sondern dir auch das "große Tötungsergebnis" geben. Beten.

David

David war ein sehr erfolgreicher König. Er hatte das schwierigste Leben und herrschte, aber indem er betete und von Gott abhängig war, beendete er einen sehr erfolgreichen König. Niemand, kein König bis heute hat seine Heldentaten erreicht. Gottes Hand war mächtig auf ihn. Ja, die Bibel sagte, dass du den Gerechten für sein Ende markieren sollst, soll Friede sein. Ja, er mag sehr turbulente Zeiten durchmachen, aber Gott wird ihn immer erlösen und ehren. Das ist sein Wort!

Schau dir an, wann er dem einschüchternden Spießer Giganten entgegentreten sollte. Es war eindeutig eine unmögliche Mission, oder so sah es aus. Als er Interesse zeigte, auf die Mission zu gehen, sagten seine Brüder, er sei untätig, stolz und unehrlich. König Saul schrie ihn an: "Sei nicht albern! Es gibt keine Möglichkeit, gegen diesen Philister vorzugehen. Du bist nur ein Junge und seit er ein Junge war, war er in der Armee! "Mein Gott! Aber dieser Junge rief immer noch Mut hervor, setzte auf den Gott Israels und betete, ging voran und tötete den Riesen. Großer König David! Fragen Sie sich immer noch, warum ich ihm dieses Buch gewidmet habe? Jeder Goliath vor dir wird heute fallen! Goliath repräsentiert alles was auf dem Weg nach oben steht. Der Gott Davids ist auch dein Gott! Stelle dir folgende Atmosphäre vor:

Goliath ging mit seinem Schildträger vor ihm auf David zu und verachtete diesen rotgesichtigen Jungen verächtlich. »Bin ich ein Hund«, brüllte er David zu, »daß du mit einem Stock auf mich zukommst?« Und er verfluchte David mit dem Namen seiner Götter. »Komm her, und ich gebe dein Fleisch den Vögeln und wilden Tieren!« Schrie Goliath.

David schrie als Antwort: <u>Du kommst mit Schwert, Speer und Speer zu mir, aber ich komme zu dir im Namen des HERRN, des Allmächtigen, des Gottes der Heerscharen Israels, dem du getrotzt hast.</u>
I Samuel 17: 41-45

Das Gebet und die totale Abhängigkeit von Gott machen dich furchtlos. Sie übersetzen dich sofort vom Menschen, ängstlich, in übernatürlich, furchtlos und unbesiegbar. Das Gebet wird dich dazu bringen, Bedrohungen, Oppositionen und Hindernisse zu verringern. Sie werden Siege sehen, wo andere Niederlagen sehen. Es wird dich dazu bringen, über die Hindernisse hinauszuschauen und die Gewinne, Siege, Freude, Beförderung, Belohnungen und Lorbeeren zu sehen. Denke daran, David fragte zuerst: "Was wird die Belohnung für den Mann sein, der den Riesen töten wird?" Es gibt immer Belohnung für Erfolg und Zufriedenheit für diejenigen, die im Gebet vorherrschen. Für David würde er die Tochter des Königs heiraten und seine ganze Familie von Steuern befreien!

Wasser aus dem trockenen Boden

Wenn du Gott anrufst, lässt er Wasser aus dem trockenen Boden für dich kommen. Wahr. Ja, manchmal sieht es tatsächlich trocken aus, sehr trocken. Du setzt all deine Bemühungen, Ressourcen, Verbindungen und Kenntnisse ein, immer noch nichts für sie zu zeigen. Überall wird trocken und frustrierend. Gott sagt, dass er Wasser machen wird, um aus diesem trockenen Grund (Projekt) herauszukommen. Ja, das hat er in Jesaja 43: 18-19 gesagt,

"Aber vergiss das alles - es ist nichts im Vergleich zu dem, was ich tun werde. Denn ich mache gerade eine brandneue Sache. Seht, ich habe schon angefangen! Siehst du es nicht? Ich werde einen Weg durch die Wildnis machen, damit meine Leute nach Hause kommen. <u>Ich werde Flüsse für sie in der Wüste schaffen!</u> "

Ja Flüsse in der Wüste! Das ist Gottes Versprechen! Und während du diese Botschaft liest, fordere ich die Flüsse auf, in deinen Wüstengebieten im mächtigen Namen Jesu zu platzen! Gott macht eine neue Sache in deinem Leben. Dieses Projekt, diese Vision wird bewässert und schließlich vollendet werden! Seht euch an, was geschah, als die Könige von Israel, Juda und Edom, gegen Moab Krieg führten. Die drei Armeen reisten für sieben Tage durch die Wüste und es gab kein Wasser für die Soldaten und die Tiere. Es war ein verzweifelter Moment für diese Könige und ihre Truppen und sie fragten sich, was sie tun sollten. Gott sei Dank, dass der große, gottesfürchtige Josaphat unter ihnen war. Er ermutigte sie schnell, von Gott zu erfahren, was sie tun sollten.

Nun möchte ich, dass Sie die Situation schätzen. Es gab tatsächlich keine Hoffnung auf ihr Überleben in dieser Wildnis. Wenn du zurück in die Stadt willst, dauert es noch sieben Tage, bis der erschöpfte Mensch und die Tiere erschöpft sind. Können sie es schaffen? Wenn Sie sich in den Kampf mit den Moabiten begeben, werden Sie definitiv besiegt werden. Dann, wenn du bleibst, wirst du den Massentod sicher aufzeichnen, wenn nicht tot. Also war es wirklich ein sehr verzweifelter. Aber mit Josaphats Rat riefen sie Elisa herbei. Gott sei Dank war er bei ihnen. Würde er mit ihnen kämpfen? Das ist großartig! Durch ihn intervenierte Gott. Höre auf diesen großen Mann:

"Bring mir jetzt jemanden, der Harfe spielen kann." Während die Harfe gespielt wurde, kam die Macht des HERRN über Elisha und er sprach: Das ist es, was der HERR sagt: Dieses trockene Tal wird mit Wasserbächen gefüllt sein! Du wirst weder Wind noch Regen sehen, sagt der Herr, aber dieses Tal wird mit Wasser gefüllt sein. Sie werden viel für sich selbst und für Ihr Vieh und Ihre Tiere haben. Aber das ist nur eine einfache Sache für den HERRN, denn er wird dich zum Sieg über das Heer Moabs machen! <u>Du wirst die besten Städte erobern, sogar die befestigten ... Und tatsächlich, am nächsten Tag um die Zeit, als das Morgenopfer angeboten wurde, tauchte plötzlich Wasser auf! Es strömte aus der Richtung von Edom, und bald war überall Wasser. "</u>

3 Könige 3: 15-20

Gelobt sei Gott! Bald war überall Wasser! Das ist es! Stell dir das vor. Du wirst kein Zeichen sehen; kein Wind, kein Regen, aber Wasser wird dieses Tal füllen. Mein Gott! Siehst du jetzt, warum einige von uns diesen Gott und sein dynamisches Wort niemals verlassen werden? Er ist der einzige, der das kann. Er schafft Wasser aus den Wüsten! Er tat es auch, als die Israeliten aus Ägypten kamen. Er forderte Moses auf, den Felsen zu schlagen, damit er Wasser "erbricht". Erinnere dich, dass sie auch in der Wüste waren und in das Gelobte Land reisten, aber nach *Rephidim* kamen und dort kein Wasser zu trinken war - mehr als eine Million Menschen (Männer, Frauen, Kinder und die gemischte Menge).

Jedes Projekt und jede Vision hat seine eigenen *Rephidim* - ein Ort, an dem es kein Wasser zum Trinken gibt. Aber wir müssen völlig von Gott abhängig sein. Wir müssen Ihn anrufen, um Wasser für uns bereitzustellen. Das Gebet ist der Schlüssel. Das Wasser für die Israeliten kam. Sie tranken, erfrischt und setzten die Reise fort. Ja, Wasser von Gott kommt, um uns zu erfrischen, um unser Ziel zu erreichen. Deshalb hat Nehemia Gott gebeten, auf seine Gebete zu hören. Ohne Gebet, ohne Gott werden wir wenig oder gar nichts erreichen. Das Gebet ist wesentlich, wenn wir im Leben Erfolg haben werden. Nehemia betete, betete und betete wieder. Er war während der gesamten Mission im Gebet. Der reichste Mann - Salomo betete. Der stärkste Mann - Samson betete und der mächtigste König - David betete auch. Worauf wartest du noch? Fängst du an, von heute zu beten?

Warum hast du nicht erhalten?

Ja sagte Jesus, dass wir nicht erhalten haben, weil wir nicht gefragt haben. Sie müssen es sich zur Gewohnheit machen, Gott immer um Hilfe zu bitten. Er ist dein Vater. Er möchte dir helfen, aber er wartet oft darauf, dass wir uns korrekt verhalten, indem wir ihn bitten, sich zu engagieren. Oder du denkst, dass der Besitzer dieses Universums sich nicht die kleine Sache leisten kann, die du brauchst, um dieses Projekt, diese Vision zu vollenden? Denk nochmal darüber nach. Ja, wir empfangen nicht, weil wir nicht fragen, und selbst wenn wir wollen, fragen wir selbstsüchtig. Ich habe es nicht gesagt, Jesus hat es getan. Er sollte es besser wissen. Hör ihm zu:

"Frag weiter, und du wirst bekommen, wonach du verlangst. Schau weiter, und du wirst finden. Klopf weiter, und die Tür wird geöffnet. Für jeden, der fragt, empfängt. Jeder der sucht, findet. Und jedem, der klopft, ist die Tür geöffnet."
Matthäus 7: 7-8

Hast du was verstanden? Der Meister wieder dabei! Er spricht über die Grade des Betens und fragt hier. Wenn du fragst und es ist, als würdest du das Ergebnis nicht sehen, gehst du ins Schauen. Und wenn Sie damit nicht zufrieden sind, werden Sie fortfahren zu klopfen. Beeindruckend! Was für eine Offenbarung! Frag, schau und klopfe an und diese Tür wird für dich "gewaltsam" geöffnet. Jede Tür hat den richtigen Schlüssel dazu. Benutze den Schlüssel und es wird sich sicher öffnen!

Sechstes Kapitel
Gewähre mir Erfolg und Gefallen

"... Bitte gib mir jetzt Erfolg, während ich den König um einen großen Gefallen bitten werde. Lege es in sein Herz, um freundlich zu mir zu sein. "
Nehemia 1:11

Nehemia bat Gott, ihm Erfolg und Gefallen zu gewähren, als er zum König ging. Er bat Ihn auch, es in das Herz des Königs zu legen, um ihm Freundlichkeit zu zeigen. Beeindruckend! Diese Worte können nur von den Lippen eines Mannes ausgehen, der die Wege Gottes versteht. Ihr Erfolg hängt stark von der Gunst und Freundlichkeit ab, die du von Gott und Menschen erhälst. In der Tat, kannst du es nicht ohne sie schaffen. Wenn du betest und Gott gehorchst, gewährt er dir Gnade und macht Menschen und Situationen zu Gunsten und freundlich zu dir. Dann wirst du erfolgreich.

Du kannst nie ohne die Eingabe von anderen erfolgreich werden. Und Männer werden dir nicht helfen oder dich bevorzugen, wenn der Himmel es ihnen nicht erlaubt hat. Nehemia wusste all dies und deshalb suchte er zuerst das Angesicht Gottes. Er bat Gott ausdrücklich darum, es in das Herz des Königs zu legen, um ihm Freundlichkeit zu zeigen. Sie brauchen die Freundlichkeit der Menschen, um erfolgreich zu werden. Du brauchst Männer, um dich zu bevorzugen. Gunst macht den Unterschied!

Freundlich sein bedeutet, Rücksicht, Liebe oder Sympathie zu zeigen. Du brauchst Menschen, die mit deiner Sache sympathisieren; zu lieben und von deiner Vision angezogen zu werden, dich zu unterstützen oder zu bevormunden, wenn du erfolgreich sein wirst. Stell dir vor, du beginnst ein Projekt oder eine Sache oder ein Geschäft und niemand kommt zur Arbeit, hilft oder bevormundet dich. Dann bist du fertig! Ja, du brauchst Gunst und Freundlichkeit von anderen. Nehemia wird ein sehr schwieriges und gefährliches Projekt beginnen und brauchte die gnädige Erlaubnis und Unterstützung des Königs. Gottes Gnade wird die Menschen zwingen, dich zu bevorzugen, um dieses Ziel, das Projekt, diesen Erfolg zu erreichen. Gott wird letztendlich Männer benutzen, um dir zu helfen.

Gott gewährte Nehemias Bitte und sieht nun die erstaunlichen Ergebnisse:
Der König mit der Königin, die neben ihm saß, fragte: "Wie lange wirst du fort sein? Wann kommst du zurück? «So stimmte der König zu, und ich legte ein Datum für meine Abreise fest.

Ich sagte auch zum König: "Wenn es Eurer Majestät gefällt, gebt mir Briefe an die Gouverneure der Provinz westlich des Euphrat und weist sie an, mich auf ihrem Weg nach Juda sicher durch ihre Gebiete reisen zu lassen. Und bitte sende einen Brief an Asaph, die Krippe des Königswaldes, und befiehl ihm, mir Holz zu geben. Ich werde es brauchen, um Balken für die Tore der Tempelfestung, für die Stadtmauern und für ein Haus für mich selbst zu bauen. "<u>Und der König gewährte diese Bitten, weil die gnädige Hand Gottes an mir war.</u>

Als ich zu den Statthaltern der Provinz westlich des Euphrat kam, übergab ich ihnen die Briefe des Königs. Der König, den ich hinzufügen sollte, hatte Armeeoffiziere und Reiter geschickt, um mich zu beschützen. "
Nehemia 2: 6-9

Unglaublich! Fast alles wurde durch diese einzigartige offene Tür gemacht. Gott hat Nehemia Gunst vor seinem Chef, dem König, gegeben. Und denkt daran, das ist sehr ungewöhnlich, denn Nehemia war ein Sklave im Exil und der Kelchträger des Königs. Als Sklave war es sehr riskant, solche Wünsche von seiner Majestät gestellt zu haben. Und als ein Becherträger sind seine Dienste sehr wesentlich und unentbehrlich für den König. Gott aber manövrierte alles und gab ihm Gnade vor dem König, weil Jerusalem wieder aufgebaut werden mußte. Diese Vision muss erfüllt werden! Hast du auch bemerkt, dass selbst die anwesende Königin nichts dagegen gemacht hat? Wenn Gott dich bevorzugt, wird jeder, jede Situation und alles, bewusst oder unbewusst zu einem Instrument werden. Er wird alles manipulieren, um Seine Absicht zu erfüllen. Gott bewegte den König, um Nehemia Freundlichkeit zu zeigen. Das Wort Gottes sagt, dass das Herz des Königs in Gottes Hand ist. Das ist sehr wahr! Das können wir hier sehen.

Mach das Beste aus einer offenen Tür

Eine Tür, mehrere Öffnungen, viele Möglichkeiten! Wenn Gott eine Tür für dich öffnet, mach das Beste aus dieser Gelegenheit. Ein Vorfall, Kontakt, Gelegenheit kann Ihre Mission "regeln". Sehen Sie sich das obige Konto noch einmal an. Auf einen Schlag gewährte der König Nehemias Wunsch, nach Jerusalem zurückzukehren. Er gab ihm einen Passierbrief, einen Brief zum Sammeln von Material und Soldaten für seine Sicherheit.

Beeindruckend! Dies ist in der Tat Gunst in Aktion! Und ich liebe Nehemias Anerkennung dafür, **"und der König gewährte diese Bitten, weil die gnädige Hand Gottes auf mir war."** Er wusste es. Er war sich der "göttlichen Manöver" sehr bewusst und er bestätigte dies.

Das Öl hält die Multiplikation aufrecht

Du erinnerst dich an die Witwe im zweiten Kapitel der Könige. Solange sie das Öl weiter in die Gläser goss, nahm es immer mehr zu. Ein Wunder besiedelte ihre ganze Scheidung, rettete ihren Sohn und gab ihnen den Lebensunterhalt. Wie ich wünschte, sie hätte mehr Container mitgebracht, dann hätte diese Frau die reichste Person der Welt sein können. Wahr. Eine unbegrenzte Tür wurde für sie geöffnet, aber die Behälter waren begrenzt.

Ihr Gläubiger kam und drohte, ihre beiden Söhne wegzunehmen und sie rannte zu Elisha: **Eines Tages kam die Witwe eines Propheten des Elias zu Elisa und schrie zu ihm: Mein Mann, der dir diente, ist tot, und du weißt, wie er den Herrn fürchtete. Aber jetzt ist der Gläubige gekommen und droht, meine beiden Söhne als Sklaven zu nehmen. »** Was kann ich tun, um dir zu helfen? **«, Fragte Elisha. "Sag mir, was hast du im Haus?" "Nichts außer einer Flasche Olivenöl", antwortete sie.

Und Elisa sagte: **"Leihe so viele leere Gläser wie du kannst von deinen Freunden und Nachbarn. Dann gehe mit deinen Söhnen in dein Haus und schließe die Tür hinter dir. Gieße Olivenöl aus deiner Flasche in die Gläser und stelle die Gläser zur Seite, wenn sie gefüllt sind.**

Also tat sie, was ihr gesagt wurde. Ihre Söhne brachten ihr viele Gläser, und sie füllte sich nacheinander. Bald war jeder Container randvoll! **"Bring mir noch ein Glas"**, **sagte sie zu einem ihrer Söhne.** "Es gibt keine mehr!", sagte er ihr. **Und dann hörte das Olivenöl auf zu fließen.** "

2 Könige 4: 1-6

Eine endlose Tür wurde für diese Frau geöffnet, aber sie hatte keine weite Vision oder die Fähigkeit, ihren Nutzen zu maximieren. Jetzt möchte ich, dass du dir unseren Nehemia in einer solchen Situation vorstellst. Er hätte das Beste daraus gemacht. Es gibt Türen, die mit mehreren oder sogar endlosen Möglichkeiten kommen. Mache das Beste daraus, während es offen bleibt. Das Öl hörte auf, sofort zu fließen, die Frau und ihre Kinder haben angefangen, Behälter zu bringen.

Die Zarpathenerfahrung

Sieh dir die Frau an. Elijah traf sie als sie Feuerholz sammelte, um ihr letztes Essen zu kochen, bevor sie mit ihrem Sohn stirbt. Mein Gott! Ihre letzte Mahlzeit! Sie erklärte dies dem Mann Gottes, aber er befahl ihr sofort, einen kleinen Laib Brot zu backen, damit er zuerst essen konnte. Gott sei Dank, gehorchte die Frau. Mögen wir geistlich wachsam sein am Tag der Visitation des Herrn! Diese Frau war wachsam.

Göttliche Gunst

Wir werden diese Tatsache immer wieder betonen, dass Erfolg ein Produkt göttlicher Gunst ist. Und göttliche Gnade stammt von der göttlichen Gnade. Wenn die Gnade Gottes über dir ist, wird sie ungewöhnliche Gunst anziehen. Und wenn Sie bevorzugt werden, werden Sie letztendlich erfolgreich sein. So funktioniert es. Wenn die Gnade Gottes über dir ist, wirst du erfolgreich sein, wo andere versagt haben. Du wirst leben, wenn andere sterben, akzeptiert werden, wo andere abgelehnt werden. Du wirst alle Hindernisse auf deinem Weg zu deinem Schicksal überwinden, alle "Minen" besiegen, die auf dem Weg zu deinem Erfolg liegen, du wirst immer plötzliche, rechtzeitige, unerklärliche Hilfe, Durchbruch und Erlösung finden, wenn du denkst, dass alle Hoffnung verloren ist. Seine Gnade lässt Sie immer spüren, dass die innere übernatürliche Stimulation auch dann weitergeht, wenn es physikalisch unmöglich erscheint. Es bringt dich dazu, Dinge zu tun, Ziele zu erreichen, die deine natürlichen Fähigkeiten übersteigen.

Joseph

Während ich schreibe, kam mir Joseph sofort in den Sinn. Die Gnade und Gunst Gottes waren mächtig auf ihm. Sie haben ihn nie verlassen, bis er erfolgreich war. Und warum war es so? Gott hatte ihn dazu bestimmt, groß zu sein. Er sollte verwendet werden, um die Menschen und das Versprechen Gottes zu bewahren. Also implantierte Gott diese Gnade (Gunst) in das Leben des Jungen und er war in der Tat vollständig, weil er auch ein sehr hübscher junger Mann war. (Aber das ist der Typ, mit dem du sehr vorsichtig sein musst, weil der Feind es auch ausnutzen kann). Sieh dir an, wie die Bibel ihn beschreibt: "Jetzt war Joseph ein sehr schöner und gut gebauter junger Mann."

Hier wollen wir beobachten, dass überall, wohin Josef hinging, die Gnade Gottes ihm folgte. Ja, direkt vom Haus seines Vaters. Zu Hause machte sein Vater einen Mantel mit vielen Farben für ihn. Als er einmal nach seinen Brüdern und ihren Herden suchte, bemerkte ein Mann ihn und gab ihm die Richtung zu Dothan, wo er sie schließlich fand. Als seine Brüder vorhatten, ihn aus Eifersucht zu töten, war Reuben bereit, den Plan zu verbreiten. Als er dann zu Potiphars Haus verkauft wurde, florierte alles, was er dort berührte. (Und warum wurde er nicht an eine andere Person verkauft, sondern an einen persönlichen Stab des Königs?).

Genau in Potifars Haus, der Gnade, blieb die Gnade auf Joseph. Höre dir eines der positivsten, überwältigenden Worte an, die du jemals in der Bibel finden wirst, und es geht nur um denselben Jungen:

"Der Herr war mit Joseph und segnete ihn sehr, als er im Hause seines ägyptischen Meisters diente. Potiphar bemerkte dies und <u>erkannte, dass Gott mit Joseph war und ihm Erfolg in allem gab, was er tat. So wurde Joseph natürlich zu einem Liebling bei ihm. Potifar beauftragte Joseph bald mit seinem ganzen Haushalt und vertraute ihm alle seine Geschäfte an. Von dem Tag an, als Joseph das Sagen hatte, begann der Herr Potiphar um Josephs Willen zu segnen. Alle seine</u>

Haushaltsangelegenheiten begannen reibungslos zu laufen, und seine Ernte und sein Vieh blühten auf. "
Genesis 39: 2-5

Göttliche Gunst! Oh mein Gott! Ich habe diesen Typ vorher nicht gesehen. Nur Josephs Anwesenheit schmierte und vermehrte alles. Selbst Potiphar erkannte an, dass Gott dem Jungen in allem, was er tat, Erfolg beschert hatte. Das kann göttliche Gnade bewirken. Es zieht Erfolg, Akzeptanz, Exzellenz, Multiplikation, Fortschritt und Förderung an. Später wurde Joseph zu Unrecht ins Gefängnis gebracht, und doch ging der Gefallen mit ihm weiter. Gottes Gnade bleibt bei dir selbst in den dunkelsten der Verliese. Der Chefkläger musste bald feststellen, dass er eine andere Art von Gefangenen zugelassen hatte - einen bevorzugten Gefangenen!

Sofort kam Joseph ins Gefängnis; Gott "befahl" dem obersten Kerkermeister, ihn zu begünstigen. Ja, die Leute werden dich bevorzugen, auch wenn sie keinen Grund dazu haben. Gott wird sie dazu bewegen, es zu tun. Willst du, dass wir Josephs Erfahrung im Verlies lesen? OK los geht's:

"Nachdem er die Geschichte seiner Frau gehört hatte, war Potiphar wütend! Er nahm Joseph und warf ihn in das Gefängnis, wo die Gefangenen des Königs festgehalten wurden. Aber der HERR war auch dort bei Joseph, und er gewährte Joseph den Obersten Gefängniswärter. Es dauerte nicht lange, und der Gefängniswärter gab Joseph die Kontrolle über alle anderen Gefangenen und über alles, was im Gefängnis geschah. Der Chefkläger hatte danach keine Sorgen mehr, denn Joseph kümmerte sich um alles. Der Herr war mit ihm und ließ alles reibungslos und erfolgreich verlaufen. "
Genesis 39: 19-23

Gern sprechen! Erfolg hinterlässt diesen Kerl überall, wohin er auch ging, selbst an den ungewöhnlichsten Orten. Es war auf ihn, bis er erfolgreich war. Er wurde später der Premierminister von Ägypten, von wo aus Gott ihn benutzte, um Israel und auch das gesamte ägyptische Reich zu bewahren. Gunst wird dich zum Thron bringen. Dies ist, was dir passiert, wenn du für die Größe bestimmt bist. Gottes Hand ruht dauernd auf dir, bis Seine Absicht in deinem Leben erfüllt ist. Das war genau das, was Er Jakob im Bethel erzählte.

Jacob

Gott sagte Jakob, dass er ihn weiterhin bevorzugen würde, bis er sein Wort in seinem Leben erfüllt. Jacob war in einem total gescheiterten Zustand, als er dieses Versprechen erhielt. Er hatte eine schmutzige Vergangenheit, eine schmerzhafte Gegenwart und eine unsichere Zukunft. Er war nicht sicher, dass alles, was über ihn gesagt wurde, geschehen würde und plötzlich erschien Gott in der Nacht und sagte ihm,

"... **Ich werde ständig bei dir sein, bis ich dir alles gegeben habe, was ich dir versprochen habe.**"
1 Mose 28:15

Ich liebe diese Schriftstelle so sehr! Vielleicht habe ich mich in sie verliebt, weil ich Jacobs Erfahrung hatte. Ich liebe es! Welches Versprechen kann besser sein? Gott sagt dir heute, dass er dich nicht verlassen wird, bis er all seine Verheißungen in deinem Leben erfüllt hat - bis du ein Erfolg wirst! Amen! Das bedeutet einfach, dass alle Maschinen des Himmels eingesetzt werden, um sicherzustellen, dass du deine göttliche Bestimmung erreichst. Ich dachte, du solltest jetzt herumspringen und tanzen. Ja, dieses besondere Versprechen lässt mich immer tanzen und freuen. Es gibt mir die Gewissheit, dass ich ständig, dauerhaft geschützt, versorgt und BEVORZUGT werde! Und hat Gott Jakob versagt? Auf keinen Fall!

Ich sehe diese Art von Gunst immer auf meinem Weg. Vielleicht erklärt das, warum die obigen Schriften bei mir blieben. Ich erinnere mich, als ich meinen Journalismuskurs am Nigeria Institute of Journalism in Lagos abschloss, waren die Dinge für mich so schwierig, dass ich meinen letzten Semesterbeitrag, meine Hausmiete und viele andere Rechnungen nicht bezahlen konnte. Ich betete und arbeitete hart, bis nichts Ernsthaftes kam. Selbst die kleinen Unternehmen, die mir halfen, waren frustriert von denen, die mir halfen, sie zu verwalten. Es war tatsächlich schwierig.

An diesem Tag bat mich einer meiner Freunde, der Leiter unserer christlichen

Gemeinschaft in der Schule (ich war der Evangelisationssekretär und ihr Herausgeber), ihn zum Haus seines Freundes zu begleiten. Dort, während sie sich unterhielten, schaute der Freund mich an und fragte meinen Freund, wer ich war. Nach der Einführung fügte mein Freund zu meiner Überraschung schnell hinzu, dass ich einen Job brauche. Und Sie werden es nicht glauben, nachdem ich einige Fragen gestellt hatte, bot der Mann mir sofort einen Job in seiner Firma an und bat mich, den nächsten Tag zu beginnen. So bekam ich eine sofortige Anstellung in einer der größten Marketingfirmen in Lagos.

Ich wurde später in das Zentrallager gebracht, wo ich die großen Importe von (Reis, Wein, Autoersatzteilen, elektrischen Übertragungsgeräten, Autoherstellungsmaterialien und Maschinenersatzteilen, etc. Sie handelten mit Tausenden von Gegenständen) aus Übersee und verteilt auf unsere Verkaufsstellen im ganzen Land und darüber hinaus. Es war in der Tat eine sehr grosse Aufgabe. Ich bin auch dem Besitzer der Firma nahe gekommen, dass der Mann mir so vertraut hat und sogar mich in geistigen Angelegenheiten konsultiert hat. Ich war damals ungefähr 26 Jahre alt. Das ist, was Gunst tun kann. Wenn Gott dich bevorzugt, wird der Mensch seinem Beispiel folgen.

Esther

Der Gefallen an Esther machte sie auch erfolgreich. Dies war eine Waise, die mit einem Onkel / Pflegevater im Exil lebte, aber weil sie dazu bestimmt war, eine Schlüsselrolle bei der Errettung und Erhaltung der Juden zu spielen, implantierte Gott diese Gunst in ihr. Schau, wie sie aus dem Nichts als Königin des Reiches in Susa hervorging. Von ihrem Onkel Mordecai über die Hegia bis zum König war es ein besonderer Gefallen. Nichts ist so mächtig wie göttliche Gunst und es ist der sicherste Weg nach oben. Unter den zahlreichen schönen Jungfrauen aus allen Provinzen des Reiches entstand diese Waise als Königin. Möge die Gunst Gottes heute in Jesu Namen auf Sie kommen!

David

König David war sehr begünstigt und das führte zu seinem ungewöhnlichen Erfolg. Ja, er war und ist immer noch der beliebteste König Israels. Er erreichte Größe durch göttliche Gunst und Ernennung. Gottes Hand lag schon als kleiner Junge auf ihm, weil der Himmel ihn für seine Größe bestimmt hatte. Oder du kannst erzählen, wie ein kleiner Junge in diesem Alter Löwen und Bären töten könnte; Manchmal halten sie sie am Kiefer und reißen sie auseinander? Sag mir? Dann schau dir das Drama an, das stattfand, als

Gott den großen Samuel sandte, um David zu entdecken und ihn zu salben, um der nächste König Israels an der Stelle Sauls zu sein. Ja, sagte ich, entdecke, weil David nicht bekannt war. Sein Vater war weder bekannt noch bekannt, und der kleine Junge war immer noch im Busch. Bush Junge! Obwohl im Busch und nicht bekannt, diskutierte Himmel bereits über ihn; ohne sein Wissen.

Gunst lässt den Himmel dich markieren und diskutieren. Gunst lässt dich entdeckt werden. Der Mensch hat dich vielleicht nicht gekannt, aber der Himmel wird dich dazu bringen, entdeckt zu werden! Samuel sollte gehen und David holen. Schlimmer noch, Gott gab dem Propheten nicht Samuel Davids Namen oder erzählte ihm nicht viel von dem Jungen. Er war einfach nicht bekannt oder von Menschen erkannt. Ich möchte nicht von Männern erkannt werden, sondern von Gott bevorzugt werden. Ja!

Weißt du, dass gerade im Himmel ein Gespräch darüber stattfindet, wie man dich der Welt enthüllen kann? Ich habe das selbst erlebt; wo solche Angelegenheiten im himmlischen Rat beraten wurden. Jedes große Ereignis, jede Mission oder jeder Dienst wird ausführlich im Himmel diskutiert und geplant. Für uns passiert es plötzlich, aber für Gott ist es immer ein gut geplantes Projekt. Vielleicht wird dies erklären, warum Gott immer sagen wird: "Lass uns Menschen machen", "lass uns ihn senden; usw. Wer sind diese "uns"? Kennst du die Funktionen der vierundzwanzig Ältesten im Himmel? Was ist mit den Wesen, die überall Augen und Flügel haben und denen, die vor Gott stehen? Ja, sie beten und verneigen sich vor ihm? Aber ist das alles? Wurden ihnen all diese Augen, Flügel usw. gegeben, nur um sich zu verbeugen? Tragen die 24 Ältesten goldene Kronen, nur um sich zu verbeugen? Ist das alles?? Könnte sein. Aber an dem Tag, als ich sie sah, saßen sie und diskutierten! Lass mich aufhören, wo die Bibel aufhört. Tut mir leid, bitte, zurück zu David.

Als Samuel zu Jesses Haus in Bethlehem kam, sagten wir, es gäbe ein Drama. Er und der Mann nahmen es als selbstverständlich an, dass Gott einen der "großen Jungen" in der Familie für das Königtum gewählt hatte. Aber sie sollten enttäuscht sein, weil Gottes Gunst menschliche Erwägungen nicht respektiert. Wahr. Schau dir das Drama an:

Endlich sprach der HERR zu Samuel: Du hast lange genug um Saul getrauert. Ich habe ihn als König Israels abgelehnt. Füllen Sie jetzt Ihr Horn mit Olivenöl und gehen Sie nach Bethlehem. Finde einen Mann namens Jesse, der dort lebt, denn ich habe einen seiner Söhne als meinen neuen König ausgewählt ... Als sie ankamen, warf Samuel einen Blick auf Eliab und dachte: "Dies ist der Gesalbte des Herrn!" Aber der Herr sagte zu Samuel: "Beurteile nicht nach seiner Erscheinung oder Größe, denn ich habe ihn verworfen. Der HERR trifft keine Entscheidungen, wie du es tust! Die Menschen richten sich nach äußerer Erscheinung, aber der HERR sieht auf die Gedanken und Absichten einer Person. Dann sagte Jesse seinem Sohn Abinadab, dass er vor Samuel treten solle. Aber Samuel sagte: Das ist nicht der, den der Herr erwählt hat. Als Nächstes rief Jesse Schamma herbei, aber Samuel sagte: "Weder ist dies der, den der Herr erwählt hat." Auf die gleiche Weise wurden alle sieben Söhne Jesses Samuel vorgestellt. Aber Samuel sagte zu Jesse: "Der Herr hat keines davon gewählt." Dann fragte Samuel: "Sind das alle deine Söhne?"

»Da ist immer noch der Jüngste«, erwiderte Jesse. »Aber er ist draußen auf den Feldern und beobachtet die Schafe.« »Schick sofort nach ihm«, sagte Samuel. »Wir werden uns nicht zum Essen hinsetzen, bis er ankommt«.

Also schickte Jesse nach ihm. Er war rot und gutaussehend, mit schönen Augen. Und der HERR sprach: Dies ist der eine; salbe ihn ". So wie David dort unter seinen Brüdern stand, nahm Samuel das Olivenöl, das er gebracht hatte, und goss es auf Davids Kopf. Und der Geist des HERRN kam von diesem Tage an über ihn. Dann kehrte Samuel nach Ramah zurück. "
1 Samuel 16: 1, 6-13

Mein Gott! Ich wünschte, du könntest mein Gesicht als einen Stift in diesen Worten sehen. Dieser Teil ist hundertmal lesenswert. Wahr. Ich liebe es! Dies fasst zusammen, was wir in diesem Kapitel sagen. Wenn Gott beschließt, einen Mann zu bevorzugen, kann niemand etwas dagegen tun. Schau, wie dieser kleine Unbekannte aus dem Busch geholt wurde. Göttliche Gunst wird dich herausfischen. Stellen Sie sich vor, der große Prophet

Samuel komme den ganzen Weg von Ramah nach Bethlehem, nur um diesen "Buschjungen" zu entdecken und zu salben. Nun, wie hast du dich gefühlt, als du gelesen hast, dass Samuel den Befehl gegeben hat: "**Sende sofort nach ihm und wir werden uns nicht hinsetzen, bis er ankommt?**" Hey, bist du da? Der Repräsentant des Gottes Israels und das ganze Haus Ihres Vaters werden sich nicht setzen, bis du ankommst? Beeindruckend! Das ist wirklich zu viel, um mich dazu zu äußern.

Ich möchte auch, dass du dir den kleinen Jungen vorstellst, der unter diesen großen und anerkannten Söhnen von Isai steht und der raue Prophet mit seinen priesterlichen Insignien, die vor ihm stehen, beten, prophezeien und Öl auf David gießen, und wie der Geist Gottes sofort mächtig auf ihn kam . Jesus! Dieses Ereignis ist es wert, bezeugt zu werden. Das ist eine außerordentliche Begabung!

Hör zu, Gott wird dich heute im Namen Jesu holen! Sie senden jetzt für dich. Du weirst nicht "sitzen", bis du angekommen bist. Und wie David; Du sollst "größer" sein als deine Brüder, Konkurrenten, Zeitgenossen und deine Feinde im mächtigen Namen Jesu! Dies ist der Gefallen, um erfolgreich zu sein! Kein Mann soll deinen Platz oder deine Segnungen einnehmen. Du weißt, wenn der Herr nicht da wäre oder Samuel nicht von Gott hörte, hätte er einen anderen als König anstelle des Auserwählten gesalbt. Dein Segen soll nicht zu einem anderen gehen! Sie sollen dir nicht entgehen! Nach dieser Salbung verließen die Gunst, die Macht, der Schutz und die Versorgung Gottes David nicht, bis er alles erfüllte, wofür Gott ihn bestimmt hatte. Sehe dich an, wie er König Sauls Angriffe überlebt hat, sogar der Sohn des Feindes - Jonathan wurde sein bester Freund und Helfer. Gnade!

Schau, wie er das gefürchtete Monster namens Goliath tötete, seine Eroberung der Nationen und sogar das wundersame Überleben des Gerichts Gottes und auch den Putsch seines eigenen Sohnes. Geh zurück und lies alle diese Konten noch einmal. Es wird einen Mann mit dem höchsten Grad an Gunst erfordern, um sie zu überleben - ungewöhnliche Gunst. Und Gott sei Dank wusste er das. Bitte, lasst uns direkt von ihm hören, wie er über Gottes Gnade in seinem Leben spricht:

"Da ging König David hinein und setzte sich vor den HERRN und betete: Wer bin ich, o Herr, HERR, und was ist meine Familie, daß du mich so weit gebracht hast?"
2 Samuel 7:18

Dieser Typ war so begabt, dass er lebte, um persönlich seinen Sohn, den Thron, den Bund, das Material für den Tempel und alle wichtigen Projekte zu übergeben. Und um alles zu krönen, gab Gott ihm eine ewige Dynastie, die auch den Messias hervorbrachte - Jesus Christus.

Jesus

Es war die Gunst Gottes, die Jesus zu einem großen Erfolg werden ließ. Tausende Jahre nachdem Er ist gegangen, Sein Name hatte immer noch den höchsten Einfluss im ganzen Universum (geistig und physisch) und Milliarden von Menschen beten Ihn an. Nur seinen Namen zu erwähnen, ruft die höchste Macht und Autorität hervor. Es ist nur göttliche Gunst, die diesen Level-Erfolg erreichen kann.

Vor seiner Vorstellung kam der hochrangige Engel Gabriel und verkündete, dass er geboren werden würde. Als er geboren wurde, sahen die Hirten plötzlich eine Schar begeisterter Engel tanzen, sich freuen und Gott loben, und einige führende Astrologen kamen aus einem fernen Land, um Seinen besonderen, ungewöhnlichen Stern zu ehren, der königlich erschien und sich prächtig von allen anderen unterschied. Sie brachten diesem Kind seltene königliche Geschenke - **<u>Gold, Myrrhe und Weihrauch</u>** -, die von einer unbekannten Familie in der Krippe geboren waren. Von der Krippe zum König! Beeindruckend! Gefallen! Ich liebe die Art, wie die Bibel es ausdrückt. Sie sagten, dass sie ihre Schatzkisten öffneten und Ihm Geschenke gaben. Gunst wird Männer dazu bringen, ihre Schätze zu öffen und Geschenke, Reichtümer werden fliessen!

Im Alter von zwölf Jahren erzieht er bereits die Ältesten und Theologen im Tempel. Er hat seinen Dienst getan und alles erreicht, was er in nur dreieinhalb Jahren getan hat. Sein Dienst war äußerst erfolgreich und selbst dann, als Er den Menschen immer sagte, er solle seine Werke nicht veröffentlichen. Die Bibel sagte, dass sein Ruhm ins Ausland ging. Er wurde sehr erfolgreich und berühmt! Jesus wurde begünstigt und Er wurde erfolgreich.

Israeliten verlassen Ägypten

Schau dir dieses perfekte Beispiel göttlicher Gunst an. Ich werde hier nicht viel über Israel sagen, weil dafür zusätzliche Bücher benötigt werden. Aber sieh dir die Nacht an, in der sie Ägypten verließen. Gott hatte sie durch Mose (in Übereinstimmung mit seinen früheren Verheißungen und seinem Bund mit Abraham) angewiesen, ihre ägyptischen Nachbarn um ihre Wertsachen zu bitten und ihnen zu versprechen, den Israeliten besondere Gunst zu geben. Und sie taten genau das und was war das Ergebnis? Sie haben Ägypten geplündert! Sie haben den ganzen Reichtum Ägyptens in nur einer Nacht weggenommen. Eine göttliche Handlung kann dich "niederlassen". Ja, der Reichtum der Ägypter, der Heiden soll uns übergeben werden. Das ist sein Wort. Von nun an plünderst du die Welt im Namen Jesu! Hast du es nicht gelesen? Dies ist eine der größten Gunst und "göttliche Plünderung", die Sie jemals in der Bibel finden werden.

"Und das Volk von Israel tat, wie Mose es geboten hatte, und bat die Ägypter um Kleidung und Gegenstände aus Silber und Gold. Der HERR ließ die Ägypter günstig auf die Israeliten blicken und sie gaben den Israeliten, was sie verlangten. Wie eine siegreiche Armee plünderten sie die Ägypter!"
Exodus 12:35-36

Plünderte sie! Verwöhnte sie! Das heißt, Gott wird dich vor der Welt bevorzugen. Der Reichtum der Nationen wird für uns behalten. Sie sollen gesammelt, aufgeschichtet, poliert und dir übergeben werden! Die Welt wird dich suchen, um dich zu bevorzugen, weil der Himmel dich bereits begünstigt hat! Wir werden die Früchte ihrer Arbeit ernten. Mein Lieber, was du jetzt brauchst, ist nur Seine Gunst. Gott hatte Abraham vor hunderten von Jahren davon erzählt; dass Er seinen Nachkommen mit großem Reichtum aus dem Land der Sklaverei bringen wird.

Wir können fortfahren, zu zeigen, dass Gunst, göttliche Gunst der wichtigste Faktor für den Erfolg im Leben ist, aber erlauben Sie mir bitte, schnell zusammenzufassen, damit wir zu einem anderen Kapitel übergehen können. Betrachte Leute wie Daniel und Samuel, das Wort Gottes sagte, dass sie bei Gott und Menschen Gefallen fanden. Sobald

der Himmel dich begünstigt, wird der Mensch dir auch gefallen. Sogar das Wort Gottes sagte, dass es Gott ist, der segnet. Er öffnet oder schließt die Türen des Segens.
Hör ihm zu:
"Ich weiß alles, was du tust, und ich habe eine Tür für dich geöffnet, die niemand schließen kann."
Offenbarung 3: 8

Ich erinnere mich, als ich den Tipp bekam, Öffentlichkeitsbeauftragter der Versammlungen von Gott Nigeria zu werden. Ich war noch jung und gerade frisch von der Bibelschule. Es gab großen Widerstand dagegen. Die meisten "großen Männer" im nationalen Büro mochten es und bemühten sich, sie zu blockieren, aber weil Gott mir den Vorzug gegeben und gesagt hatte, dass ich das Büro besetzen würde, konnte niemand etwas dagegen tun. Alle, ihre Bemühungen wurden vereitelt.

Ich erinnere mich an einen der Tage, an denen der damalige Generalsuperintendent meine Hand hielt und mir sagte, dass, obwohl niemand für mich eintrat und es Widerspruch gegen meine Ernennung gab, dass er sich entschieden hatte, dass ich ernannt werden würde. Ja, Gott hat entschieden, und der Mensch muss sich verlieben. Nun, die Frustration bei dieser Verabredung war so groß und ich verlor persönlich das Interesse an der ganzen Sache, aber Gott würde immer kommen, um mir zu versichern, dass solange ich bleibe, dass mich nichts davon abhalten würde, die Position zu besetzen. Und es passierte genau so, wie er sagte. Unser Gott ist der Mächtigste und nichts, niemand; keine Opposition kann seine Absichten vereiteln. Vor der Verabredung sagte Er mir, dass ich dort sein würde; Er gab mir die Gründe und sogar die Dauer meines Aufenthaltes. Das ist Gott für dich - ein großartiger Planer! Nun, wenn Er es bevorzugt, kann Dich niemand aufhalten!

Gelobt sei Gott! Gunst, Beförderung und Erfolg kommen von Gott. Er hat die Kraft, einen zu heben oder zu senken. Nehemia verstand dies und deshalb bat er Gott in seinem Gebet um Erfolg und Gefallen, als er zum König ging. Und Gott antwortete auf seine Gebete, indem er den König dazu brachte, seine Bitten zu erfüllen und Nehemias Mission voll zu unterstützen. Wir brauchen Gottes Gunst, wenn wir Erfolg haben müssen. Bitte, lasse uns kurz etwas kommentieren, bevor wir uns dem nächsten Kapitel zuwenden.

Göttliches Geschenk

Ich habe herausgefunden, dass man in den meisten erfolgreichen Menschen göttliche Begabungen, Talente oder manifestierte Gnade findet, die als Werkzeug dienen, ein Instrument, um sie zu heben. Es könnte ihr Aussehen, ihre Persönlichkeit, ihre Stimme, ihre Talente, ihre besondere Fähigkeit usw. sein. Geh zurück und sieh dich wieder Joseph an. Es war die Gabe des Träumens und der Traumdeutung, die ihn in den Palast führte. Es war von Geburt an bei ihm. Denken Sie daran, das erste Mal, als er versuchte, es als Anker zu benutzen; er landete in einem sehr ernsten Problem. Er hätte fast sein Leben verloren. Ja, seine Brüder hassten und töteten ihn fast wegen seiner Träume und seiner Interpretationen. Aber zur festgesetzten Zeit orchestrierte die gleiche Gnade seinen Aufstieg zum Thron. Welche besonderen Fähigkeiten hat Gott dir gegeben? Ja, jeder hat mindestens einen. Hast du es gefunden und entwickelt? Benutzt du es? Es kann sein, wo deine Größe liegt.

Davids Musik und Kampf (göttlicher Mut). Und diese beiden brachten ihn auf den Thron. Mit Lob und Instrumenten machte er sich beliebt bei Gott; Ihn dazu bringen, ihm einen Mann nach Seinem Herzen auszusprechen und ihm einen ewigen Thron und Bund zu verdienen. Und als Krieger kämpfte er sich durch. Stellen Sie sich vor, als kleiner Junge hätte er bereits Löwen und Bären mit bloßen Händen getötet! Er kämpfte und tötete den gefürchteten, prahlerischen, erfahrenen, schwer bewaffneten philippinischen General - Goliath nur mit Steinen und Katapult. Er kämpfte gegen Nationen, Armeen und besiegte sie. Auf wundersame Weise besiegte er auch Verrat, Hinterhalte und innere Rebellion, die ihm oft fast das Leben kostete.

Was hast du in deinen Händen?
Jetzt sehe ich diese besonderen Fähigkeiten als Moses-Stab. Moses benutzte seinen Stab, um die Mächte der Finsternis in Ägypten herauszufordern. Er benutzte es für Zeichen und Wunder. Er benutzte es, um Wasser in der Wüste hervorzubringen. Und am dramatischsten sehen Sie, wie er es am Roten Meer benutzte. Israel war bereits zwischen dem Meer und den ägyptischen Truppen gefangen, die sie verfolgten. Wie üblich haben

sie angefangen zu zappeln, zu murren, sich zu beschweren und zu drohen. Und der Prophet Moses, der sicher war, dass Gott sie durch diesen Weg geführt hatte, hatte ihnen die unmittelbare göttliche Errettung zugesichert, aber eigentlich wusste er nicht genau, wie es geschehen würde. Plötzlich sprach Gott ihn und stellte ihm eine sehr ungewöhnliche Frage: "Warum rufst du mich an, was ist in deinen Händen?" Jesus! Und diese Frage stellt er heute einigen von uns. Er hat dir alles gegeben, was du brauchst, um sehr erfolgreich zu sein. Ja, sie sind direkt in dir! Lasst uns lesen, bevor wir weitermachen:

Da sprach der HERR zu Mose: "Warum weinst du vor mir? Sag den Leuten, dass sie sich bewegen sollen! <u>Benutze das Personal deines Schäfers - halte es über dem Wasser, und vor dir öffnet sich ein Pfad</u> ... "
2 Mose 14:15

Oh mein Gott! Stellen dir vor, Gott würde dich zurechtweisen, weil du Ihn angerufen hast. Er tat das mit Moses, aber es war für immer. Er sagte Moses, dass es keine Zeit für lange Gebete und Tränen sei, sondern für Taten. Moses muss sofort seinen Stab über dieses Meer hinaushalten, damit ein Weg für ihn und seine Leute geöffnet wird. In der Tat gibt es hier so viel zu lernen, aber wir müssen uns auf das konzentrieren, was unsere primäre Diskussion unterstützen wird. Wenn du das verwendest, was Gott dir gegeben hat, wird sich ein Weg für dich öffnen. Wahr.

Oh mein Gott! Stellen Sie sich vor, Gott würde Sie zurechtweisen, weil Sie Ihn angerufen haben. Er tat das mit Moses, aber es war für immer. Er sagte Moses, dass es keine Zeit für lange Gebete und Tränen sei, sondern für Taten. Moses muss sofort seinen Stab über dieses Meer hinaushalten, damit ein Weg für ihn und seine Leute geöffnet wird. In der Tat gibt es hier so viel zu lernen, aber wir müssen uns auf das konzentrieren, was unsere primäre Diskussion unterstützen wird. Wenn Sie das verwenden, was Gott Ihnen gegeben hat, wird sich ein Weg für Sie öffnen. Wahr.
Und als Mose gehorchte, teilte sich dieses große Wasser sofort. Der Ostwind erschien und blies das Wasser zurück. Ein Pfad wurde erstellt. Israel ging hindurch, aber ihre Feinde starben genau dort im Meer. Keiner von ihnen ist entkommen! Wie die Marine

sagen würde "sie waren im Meer begraben". Das ist es! Nun, Moses hatte die Autorität, die Macht, es zu tun, tat es aber nicht, weil er nicht wusste, dass es da war, er war leichtsinnig, oder er wurde beschämt von dem Klagen, Murren und Drohen des sturen Israel.

Es gibt ein "Personal" in deinen Händen, während du dies liest. Sie müssen es entdecken, aktivieren und nutzen, um sich selbst zum Erfolg zu führen. Es wurde dir gegeben, um dir zu helfen, deine göttliche Bestimmung zu erfüllen. Ja, es ist da! Sie müssen nur entdecken und beginnen, es anzuwenden. Es ist, was dich zum Erfolg führen wird. Es wurde absichtlich von Gott gelegt, um dir zu helfen, dich anders und einzigartig zu markieren; um dich zu unterscheiden. Es ist Ihre UPS (Unique Selling Point), wie die Vermarkter sagen würden. Es könnte dein Talent, dieses spezielle Interesse oder deine Fähigkeit sein. Bevorzugung läuft meist auf den Rädern der Talente. Was hast du in deinen Händen, lieber Leser? Benutze es! Dein Erfolg, deine Größe ist darin eingebettet. Fange an, es jetzt zu entwickeln und zu benutzen. Ja jetzt!

Verantwortung der Gunst

Gunst hat auch Verantwortung. Und was meine ich damit? Du darfst Gottes Wohlwollen nicht für selbstverständlich halten. Zum Beispiel, dass du begünstigt bist, bedeutet nicht, dass du faul, sorglos, ein sündiges Leben lebst, usw. Nein! In der Tat, je mehr du bevorzugt wirst, desto mehr wird von dir erwartet, dass du härter arbeitest, dich mehr weihst und Gott sehr nahe bist. Leute wie Samson, Saul usw. nahmen Gottes Gunst für selbstverständlich und sie zahlten dafür viel. Wenn du in deinem Leben deine Gnade für selbstverständlich hältst, wirst du es sicherlich bereuen. Möge Gott uns im Namen Jesu helfen!

Erinnere dich, dass die Bibel uns gesagt hat, dass wir nicht in Sünde fortfahren sollen (Rücksichtslosigkeit) und glauben, dass die Gnade in Fülle sein wird. Hoffst du, dass du mich hörst? Gott hat dich begünstigt, härter zu arbeiten. Er hat dich dazu ermutigt, dein Leben vollkommen zu weihen. Er hat dich gewählt, um mit gutem Beispiel voran zu gehen. Lass dich also heller leuchten als andere. Mehr bevorzugen mehr Engagement. Wem viel gegeben ist, braucht auch viel. Hatte ich hier einen Sinn? Lasst uns nun in ein sehr wichtiges Kapitel dieses Buches - Vision-Plan-Work - einsteigen.

Gebet
- Sag, dass Gott Seine Gunst auf dein Leben überschütten sollte
- Sag, dass Gott es in das Herz jedes Mannes oder jeder Frau legen würde, die du von heute an triffst, um freundlich zu dir zu sein und dir Gunst zu zeigen.
- Führe dieses Gebet mit nur einem Tag Fasten und du wirst sehen, was auf deinem Weg passieren wird.

Siebentes Kapitel
Vision - Plan - Arbeit

Damit Sie erfolgreich sind, müssen Sie eine Vision haben. Sie müssen wissen, wo Sie sind, wohin Sie wollen und was Sie erreichen möchten. Die Vision ist so entscheidend für den Erfolg, dass sogar die Bibel sagt, dass ohne sie du versagen, leiden und zugrunde gehen wirst. Ja, es ist so ernst. Es ist die Vision (Traum), die deinen Handlungen und Missionen Impulse gibt. Es ist es, was deine Gedanken, Handlungen, Anstrengungen und in hohem Maße deine "Existenz" antreibt. Gestatte mir zu sagen, dass deine Vision dein Leben ist.

Dann werden Visionen durch Situationen ausgelöst. Zum Beispiel war es der entsetzliche Zustand Jerusalems, der die Vision in Nehemia hervorbrachte, zurückzukehren, um die Stadt wieder aufzubauen und wiederherzustellen. Und schaue auch auf den Anfang der Schöpfung; Es war die Formlosigkeit, Leere und Dunkelheit der Erde, die die Notwendigkeit und Vision hervorrief, die lebendige und schöne Erde zu erschaffen, die folgte. Vision kommt von der Notwendigkeit. Wir werden später darauf zurückkommen. Aber zuerst versuchen wir, das Wort Vision zu definieren.

Es ist das geistige Bild der Zukunft. Es ist eine Idee, das Bild, der Traum von der idealen Situation. Unsere Vorstellung davon, wie eine Sache sein sollte. So ist jetzt eine Sache, eine Situation und so sollte es am besten sein - das ist die Vision. Eine Zeit der Not ist nur eine Gelegenheit für jemanden, sich eine Vision / einen Traum einzufangen, der ihn von jeder anderen Person unterscheidet. Wenn du nun tiefer oder spiritueller gehen willst, wirst du es als eine Offenbarung von Gott beschreiben, was du mit einer Sache oder Situation tun sollst. All das ist richtig, es kommt darauf an, wer es definiert und aus welchem Winkel du kommst. Das Wichtigste ist, dass Sie eine Vision brauchen, um im Leben erfolgreich zu sein. Sie müssen erkennen, wo du jetzt bist und auch ein klares Bild davon haben, wo du sein willst.

Lass es mich auch schnell sagen, bevor wir weitermachen. Eine Vision kann in kleinere Visionen zerlegt werden. Was meine ich hier? Nun, deine Vision könnte darin bestehen, im Leben erfolgreich zu sein, aber dies erfordert das Erreichen von Erfolgen in Bildung,

Charakterentwicklung, Erfolg in der Karriere, Erfolg in der Ehe, Erfolg in Beziehungen, um dorthin zu gelangen. Und Sie werden mir zustimmen, dass, um Erfolg in einem der oben genannten zu erreichen, eine Vision und harte Arbeit erfordert. Ihre Vision, solide Bildung zu erwerben, ist Teil einer größeren Vision, im Leben erfolgreich zu sein. Es ist sehr wichtig, dies zu beachten, denn allein der Erfolg in der Ausbildung führt nicht automatisch zum Erfolg im Leben. Überall gibt es Bildungsfehler. Siehst du sie nicht? Dies gilt auch für die anderen Bereiche. Selbst wenn man nur Reichtum anhäuft, macht man keinen Erfolg (und ich denke, wir haben das zu Beginn gesagt). Ich habe persönlich sehr wohlhabende, aber frustrierte Menschen getroffen und gedient.

Wie bekommen wir Visionen? Wir erhalten Visionen von Gott, die etwas in unserem Herzen beeindrucken. Er kann sprechen oder uns deutlich zeigen, was Er uns tun oder erreichen möchte. Gott kann auch Umstände, Ereignisse oder Situationen nutzen, um mit uns zu sprechen. Wie hier benutzte er den Zustand der Juden und des Staates Jerusalem, um mit Nehemia zu sprechen. Als Nehemia hörte, dass es seinen Leuten zu Hause nicht gut ging; dass sie in Not, Scham und Schande waren, wurde er sehr traurig. Er weinte, fastete, trauerte und betete, und während dieser Zeit erwischte er die Vision, zurückzugehen und die zerstörten Mauern und die verbrannte Stadt wieder aufzubauen. Gott hat es in seinem Herzen beeindruckt.

Jene, für die Gott prädestiniert war, werden immer für die Aufgabe vorbereitet und positioniert sein. Wie meine ich das? Warum fühlte Nehemia sich zutiefst schlecht, weinte, trauerte, fastete und betete, als er von dem Zustand des Gottesvolkes zu Hause hörte? War er der einzige Jude im Exil in diesem Land? Haben sich andere so tief beteiligt wie er? Und warum diente er damals im Palast des Königs? Ich sehe die Hand der Vorsehung in all diesen Dingen.

Ein Mann, der für eine Aufgabe berufen ist, wird über andere hinaus sehen. Er wird jenseits des Gewöhnlichen wahrnehmen, wenn sich die Gelegenheit bietet. Was andere als natürlich, gewöhnlich, normal betrachten, wird als eine Lektion verstanden, als ein Ruf an die Person; er wird eine Nachricht von der Situation bekommen. Was in ihm ist, wird gerührt und beginnt zu gähnen. Es ist in der Regel angeboren. Weil es in dir ist, hat es eine Art, nach Ausdruck zu suchen oder sich selbst vor dem eigentlichen göttlichen Timing zu manifestieren. Wenn du Mose ansiehst, als er sah, was die Israeliten in

Ägypten durchmachten, so rührte ihn das Ding in ihm sofort zum Handeln. Einmal tötete er einen Ägypter, der einen Israeliten misshandelte, und zu einem anderen Zeitpunkt ermahnte er die Israeliten, sich selbst zu lieben. Er fing bereits die Vision für seine göttliche Aufgabe ein. Es war in ihm. Dann schau auf Jesus, schon als kleiner Junge lehrte er die Ältesten und liebte es, in der Synagoge zu bleiben. Und so weiter.

Nehemia fing die Vision ein, dass die Mauern, die Stadt und das Volk Gottes nicht für immer in Trümmern liegen, Schande und Schande. Er muss gehen und sie neu aufbauen. Visionen gehen natürlich von der Notwendigkeit aus. Ja, es sind Bedürfnisse, die Träume und Träume auslösen, die Handlungen bewirken, die letztendlich zum Erfolg führen! Was ist jetzt um dich herum? Gibt es Bedürfnisse? Gibt es Lücken, die es zu füllen gilt? Du bist nicht so zufrieden wie die Dinge sind? Dann sehe ich, dass du heute eine Vision hast. Gott beeindruckt jetzt in deinem Herzen, was zu tun ist, um die Situation zu retten, die Antworten und Lösungen zu geben. Visionen bieten Lösungen und Lösungen bringen Sie an die Spitze!

Planung

Nehemia plante seine Reise und seinen Auftrag in Jerusalem angemessen. Ja er hat! Gott gab ihm die Vision, er hat gebetet, aber er brauchte auch einen detaillierten, zuverlässigen Plan, um die Vision erfolgreich auszuführen. Die Vision wird Sie zu Aktionen bewegen, und die erste besteht darin, sich zu fragen, wie Sie die Lösung für das Problem bereitstellen können. Was kann dagegen unternommen werden? Wie ist die Planung? Wir müssen planen, erfolgreich zu sein. Wenn wir nicht planen, haben wir geplant, zu scheitern. Wahr. Zeigen Sie mir einen guten, großartigen, dauerhaften Erfolg und ich werde Ihnen ein Projekt zeigen, das sorgfältig, konsequent und angemessen geplant wurde.

Planung ist einfach das Design, wie eine Vision angewendet oder ausgeführt wird. Es ist wie wenn man in ein Bauprojekt geht. Sie haben das geistige Bild von dem, was Sie wollen. Dann fügen Sie es in Zeichnungen ein, die die verschiedenen Komponenten der Struktur, die Maße, die Qualität und Quantität der benötigten Materialien und die Menge der Arbeit zeigen, die hineingehen wird. Wie beim Bauen, so verfolgt es bei Lebensvisionen. Und ich denke, das war es auch, was Jesus sagte, als er sagte, dass ein

Mann, der in ein Bauprojekt einsteigt, zuerst die Kosten zählen muss. Es ist in Planung, dass Sie eine Vorstellung davon haben, was es Ihnen bringen wird und die Details, wie Sie Ihre Vision erreichen werden.

Viele Menschen, einschließlich Christen, machen den Fehler, ohne angemessener Planung ins Projekte zu gehen. Kein Wunder, dass sie versagen, versagen und wieder versagen. Sie beten einfach und springen hinein. Das ist falsch! Was auch immer die Aufgabe ist, Sie müssen die klare Vision bekommen, sehr gut planen, bevor Sie ausführen. Nun, bevor wir zu Nehemia und seiner Mission zurückkehren, lasst uns etwas von Gott lernen. Bevor Er begann zu erschaffen, sagte die Bibel, dass Sein Geist über die Oberfläche der Erde (Brooded) schwebte. Danach begann Er zu sagen, lass es sein und gab es. Warum schwebte der Geist vor der eigentlichen Schöpfung? Wenn du Gott sehr gut kennst, wirst du entdecken, dass Er niemals in ein frivoles Unterfangen verwickelt wird. Jede Bewegung, die Er macht oder irgendetwas, was Er sagt, hat immer sehr ernsthafte Implikationen; auch wenn es einfach aussieht.

Die schwebende Zeit war die Zeit, in der Gott sich vorstellte und plante, was mit der damals formlosen, leeren, formlosen, unproduktiven und chaotischen Erde zu tun war. Wahr. Um dies zu unterstützen, schauen Sie sich einfach an, wie ordentlich die Schöpfung war, vom ersten Tag an. Sie denken, dass eine solche perfekte Organisation ohne Planung erreicht werden kann? Auf keinen Fall! Schau dir an, wie alles auf den Platz fiel. Tatsächlich hat Er zuerst alles eingeführt, einschließlich dem, was der Mensch benutzen wird, bevor Er sagte: "Komm lass uns Menschen machen." Gott ist extrem organisiert. Ja, Er kann alle Dinge tun, Er besitzt alle Dinge, aber Er plant immer noch. Seht auch, als der Mensch fiel, machte Er sofort Kleidung aus Tierhäuten für Adam und seine Frau. Er hatte bereits Pläne dafür, weil er wusste, dass es passieren würde. Wahr. Er wusste. Sogar das Buch der Offenbarung sagte uns, dass Jesus ein Lamm war, das vor der Gründung der Welt erschlagen wurde. Schau es in Offenbarung 13: 8 an.

"... die dem Lamm gehört, das getötet wurde, bevor die Welt erschaffen wurde."

Jesus wurde geopfert, noch bevor die Welt begann! Beeindruckend! Hast du das gehört? Göttliche Geheimnisse! Eine Offenbarung in der Tat! Er plant im Voraus. Er plant für

Jahre, Jahrhunderte und für die Ewigkeit. Es ist nur ein perfekter Planer, der Abraham Hunderte von Jahren sagen könnte, bevor es passierte, dass seine Nachkommen für vierhundert Jahre in die Sklaverei gehen würden und danach würde Er eine starke Hand benutzen, um sie mit großem Reichtum hervorzubringen. Mein Gott! Und genau das tat Er in Ägypten während der Passah-Nacht. Er hat wunderbarerweise die Israeliten mit großem Reichtum aus dem Land vertrieben.

Schau dir an, was passiert ist, als die Zeit für ihre Befreiung gekommen ist. Die Geburt von Moses, seine wundersame Bewahrung am Krokodil, befiel den Nil. Seine Adoption und Ausbildung im Palast und Beherrschung der ägyptischen Kunst. Alles wurde göttlich geplant und ausgeführt. Betrachte seinen Drang und seine Vision, sein Volk zu retten, sein Treffen mit Gott am Sinai usw. Alles wurde gut geplant, manipuliert und perfekt und zeitnah ausgeführt. Planung! Was sagst du dann, wenn Gott persönlich beginnt, Israel anzuleiten, wie er seine Feinde aus dem Weg räumen kann? Du wirst dies überall in den heiligen Schriften finden. Er sagt ihnen, wo und wie sie gegen den Feind kämpfen. Gott macht nichts ohne Planung und Er möchte, dass wir genau wie er sind.

Wir müssen planen, trainieren und für den Auftrag positionieren. Das gelingt dir nicht zufällig. Nein! Sie zeichnen sich durch Design aus; sowohl menschliches als auch göttliches Design. Wenn Sie ein gutes Produkt sehen, brauchen Sie niemanden, der Ihnen sagt, dass viel Denken, Planen, Entwerfen und harte Arbeit darin stecken. Dieser Grundsatz gilt auch für alle anderen Dinge im Leben. Ich denke, eines dieser Automobilunternehmen sagt, dass es gut ist zu denken, dass gutes Produkt bringt. Nun zurück zu Nehemia. Er plante vom ersten Tag an gut für seine Reise und seinen Einsatz in Jerusalem. Du konntest dies im Inhalt seiner Bitte vom König finden. Schau es dir an:

Ich sagte auch zum König: "Wenn es Eurer Majestät gefällt, <u>gebt mir Briefe an die Gouverneure der Provinz westlich des Euphrat und weist sie an, mich auf ihrem Weg nach Juda sicher durch ihre Gebiete reisen zu lassen. Und bitte sende einen Brief an Asaph, den Verwalter des Königswaldes, der ihn anweist, mir Holz zu geben.</u> Ich werde es brauchen, um Balken für die Tore der Tempelfestung, für die

Stadtmauern und für ein Haus für mich selbst zu machen. Und der König gewährte diese Bitten, weil die gnädige Hand Gottes an mir war. "
Nehemiah 2:7-8

Er bat um den Passierschein (Visum), damit er auf seinem Weg keine Probleme hat. Zumindest, damit er seinen Aufgabenbereich sicher erreichen kann. Er bat um einen Brief an den Verwalter des Waldes, damit er genügend Material für die Arbeit zur Verfügung habe. Er wurde auch mit angemessener Sicherheit, Eskorte versorgt. Der König gab ihm Armeeoffiziere, um ihn zu beschützen. Und als er nach Jerusalem kam, waren die Arbeiter bereit, die Arbeit zu beginnen. Er plante Materialien, Männer, Schutz, Unterkunft und Bewegungen. Und als er Jerusalem erreichte, wurde es sehr offensichtlich, dass Nehemia vollständig auf die Arbeit vorbereitet war - geistig, mental und physisch. Kein Wunder, dass die ganze Aufgabe in einer Rekordzeit von zweiundfünfzig Tagen unglaublich war! Totale Wiederherstellung einer verbrannten Stadt und ihrer zerstörten Mauern, die in dieser Zeit so viele Jahre lang in Trümmern lagen? Das ist ungewöhnlich!

Wenn du gut planst, wird die Aufgabe leichter sin um auszuführen. Ein guter Plan ist so gut wie der halbe Job. Ein guter Plan minimiert die Verschwendung von Zeit, Aufwand und Material. Haben Sie jemals eine Aufgabe gesehen, vielleicht ein Gebäude oder gar eine Reise, die nicht gut geplant war? Es ist immer ein Berg von Verwirrung, Frustration, Wut, Fehlern, Schuldzuweisungen, Verschwendung von Zeit und Material; weil du häufig Wiedergutmachungen machst, gehst du hin und her. Planung ist sehr wichtig für unseren Erfolg. Selbst mit vielen Gebeten und Gunst, wenn Sie nicht gut planen, können Sie immer noch scheitern. Wenn Gott die allmächtigen und allwissenden Pläne, dann, wer bist du, um nicht zu planen?

Nehemia war auch sehr sorgfältig. Er achtete auf Details. In Ihrer Planung (wie auch in Vision und Arbeit) achten Sie bitte auf jedes Detail. Alles ist wichtig. Machen Sie niemals den Fehler, etwas zu übersehen, egal wie geringfügig es aussehen könnte. Nimm nichts als selbstverständlich hin. Was du heute übersiehst, könnte morgen das Spiel verändern. Ich habe herausgefunden, dass erfolgreiche Menschen oft akribisch sind. Sie achten auf Details. Nun, hast du geplant für dieses Projekt, das du beginnen wirst? Hast du Plan für diese Vision, diesen Dienst, für dein Leben?

Dann beginne deine Pläne in Gottes Hand. Interessant, nachdem er alle Gunst erhalten und erfolgreich für die Reise geplant hatte, gab Nehemia offen zu, dass alles gut geklappt hatte, weil die Hand Gottes auf ihm war. Ich liebe das! Ja, Sie können die fantastische Planung machen, und wenn Gott es nicht unterstützt, wird es sicherlich fehlschlagen. Wahr. Deshalb musst du Ihn von Anfang bis Ende einbeziehen. Hast du bemerkt, dass Nehemia das getan hat? Er betete weiter. Selbst wenn er Sie etwas fragt und Sie antworten wollen, murmelt er das Gebet. Beeindruckend! Manche Männer sind wirklich groß und tief! Kein Wunder, dass er nicht versagte. Wie könnte er??

Gott und seine Interessen müssen in deiner Planung voll mitgenommen werden, wenn du wirklich erfolgreich sein willst. Er ist derjenige, der dir die Vision gegeben hat. Er hilft dir, gut zu planen. Und Er ist auch derjenige, der Ihnen hilft, den Plan auszuführen. Trage ihn mit. In der Tat fragt die Bibel, wer der Mann ist, der sprechen wird und es geschieht, wenn der HERR nicht gesprochen hat. Und du kannst es so ausdrücken: "Wer ist der Mann, der es plant und es geschieht, wenn Gott es nicht gebilligt hat?" Es muss "gebilligt von Gott" sein und Seine Zustimmung in deiner Planung, wenn du es schaffen willst.

Zeitliche Koordinierung

Timing ist sehr wichtig für unseren Erfolg und unser Freund Nehemia hat das verstanden. Er hat alles geplant, was er mit diesem Projekt gemacht hat. Er zählte, als er die beunruhigende Nachricht von Jerusalem erhielt, er tippte, als er dem König die Situation offenbarte, er plante seinen Aufenthalt in Jerusalem, er plante seine Abreise und er plante auch den Abschluss des Projekts. Timing ist sehr wichtig, wenn Sie erfolgreich sein möchten. Timing ist wichtig, wenn Sie mit Gott und Menschen zu tun haben; obwohl der Unterschied hier ist, dass Gottes Timing oft anders ist als das des Menschen. Wir passen in Sein Timing. Dennoch haben die Schriften deutlich gemacht, dass es Zeit für alles unter der Sonne gibt.

Wie wir mit Nehemia gesehen haben, gibt es eine Zeit zu träumen, eine Zeit zu beten, eine Zeit zu fasten, eine Zeit zu planen, eine Zeit sich zu bewegen und eine Zeit zu arbeiten. Wenn Sie einen dieser Zeiträume missbrauchen, haben Sie Probleme in Ihren Händen und können Ihre Ergebnisse ernsthaft beeinträchtigen. Sie können die Zeit für die Ausführung nicht zum Träumen oder Planen verwenden. Nein! Sie können die Zeit für die Ausführung der Planung nicht verwenden. Und du kannst dich nicht zurücklehnen, wenn du gehen oder abhauen sollst. Nein! Jede Vision hat Zeit und einen Ort. Dies ist sehr wichtig für das, was wir hier sagen. Sie müssen wissen, wann Sie träumen, wann Sie planen und wann Sie die Ausführung starten. Timing hat viel mit unserem Erfolg zu tun. Wie schaffst du deine Zeit? Wie schlägst du in Gottes Timing ein? Die Bibel sagte, dass "die Vision für eine bestimmte Zeit ist".

Wenn du Gott kennst, würdest du bescheinigen, dass er Zeit für fast alles hat, was er tut, und manchmal, wenn du ihn vermisst, wird es ein Problem. Gehe zurück zur Schöpfung. Er plante den gesamten Schöpfungsprozess Tag **eins, zwei, drei, vier, fünf, sechs** und **sieben**. Keine Aktivität überlappte sich mit der anderen. Wir haben bereits darüber gesprochen, dass er Abraham gesagt hat, dass sein Nachkomme vierhundert Jahre im Exil verbringen wird. Als Er kam, um Sarah mit einem Kind zu segnen, sagte Er ihnen: **"Um diese Zeit nächstes Jahr** werde ich zurückkehren, und deine Frau Sarah wird einen Sohn haben."

Als Er beschloss, die Israeliten gewaltsam aus der ägyptischen Knechtschaft zu reißen, sagte Er ihnen, dass Er in der Mitternacht kommen würde. Als Er die Mauern von Jericho niederreißen wollte, sagte Er ihnen, sie sollten 13 Mal umhergehen (sechs plus sieben). Als die Dinge für Israel so schwierig waren, sprach Er durch Elischa, dass Er die Dinge um "diese Zeit **morgen**" umkehren würde. Als Jeremia sich für sein Volk einsetzte, sagte Er ihm, dass Er sie wieder besuchen würde, nachdem sie siebzig Jahre in Babylon geblieben waren. Und als König Josaphat für sein Eingreifen betete, sagte Er ihm und dem Volk von Juda: "**Morgen** marschiere gegen sie aus."

Zeitliche Koordinierung! Das ist Gott für dich! Er arbeitet mit der Zeit. Und wenn du mit Ihm arbeiten willst, wenn du einen ungewöhnlichen Erfolg haben willst, musst du in dieses göttliche Prinzip des Timings eingreifen. Und nicht nur Timing selbst, du musst dich des göttlichen Timings bewusst sein. Weisst du, wann Gott möchte, dass du dich bewegst und wann Er möchte, dass du bleibst. Dies wird sicherlich den Unterschied machen. Es gibt Zeiten für göttliche Möglichkeiten und offene Türen. Wahr. Du darfst sie nicht vermissen. Wenn du das tust, könnte es manchmal eine Weile dauern oder ein anderer Kampf um eine weitere Gelegenheit, die kommen wird.

Zum Beispiel, als dieser Engel kam, um die Tore des Gefängnisses für Petrus zu öffnen; Was, wenn Peter sich geweigert hätte, herauszukommen oder den Anweisungen des Engels zu folgen, was wäre deiner Meinung nach passiert? Oder wenn du denkst, dass ein anderer Engel für dieselbe Mission gekommen wäre? Und was wäre, wenn einige Israeliten sich geweigert hätten, zu diesem Zeitpunkt in der Passah-Nacht mit anderen zu gehen? Was wäre passiert? Wir müssen uns bemühen, dem Zeitplan Gottes zu folgen. Der Unterschied zwischen Erfolg und Versagen ist oft unsere Antwort auf Sein Timing und Seinen Willen. Schau, was Nehemia hier sagt:

"Der König mit der Königin, die neben ihm saß, fragte: Wie lange wirst du fort sein? Wann kommst du zurück? "So stimmte der König zu, und <u>ich legte ein Datum für meine Abfahrt fest.</u>"
Nehemia 2: 6

Alles wurde nach der Zeit gemessen. Aber am wichtigsten ist hier, dass er das Datum (die Zeit) für seine Abreise festlegte. Es gibt eine Zeit, um mit der Umsetzung dieser Vision zu beginnen, und das könnte JETZT sein! Verschwende keine Zeit mehr. Dies ist die Zeit zu gehen, um zu starten. Ich spreche mit jener Person, die so viel Zeit und Möglichkeiten verschwendet hat. Diese Vision, die du trägst, wird jetzt im Namen Jesu sprechen! Ich lasse es JETZT los! Oder ist es, wenn Sie sterben, dass es umgesetzt wird? Schau, wenn ich diese Bücher jetzt nicht schreibe, wann dann? Wenn ich tot bin ?? Sag mir. Ich werde nicht mit der Vision von Gott in mir sterben! Nehemia ist fortgegangen!

Er hat die Gegend untersucht

Als Nehemia nach Jerusalem kam, entschlüpfte er in der Nacht, ging um die Stadt herum, um die Situation persönlich zu beurteilen; das Ausmaß der Zerstörung und das Ausmaß der Arbeit musste getan werden. Ich denke, dieser Typ war sehr mit administrativen Weisheiten gesegnet. Er tat das ruhig, ohne eine übermäßige Aufmerksamkeit zu erregen. Leistungsträger ziehen nicht unnötige, vorzeitige Aufmerksamkeit auf ihre Operationen oder auf ihre Träume, besonders auf der Inkubationsbühne. Viele Menschen verlieren auf dieser Ebene ihre Visionen. Wenn du dich oder deine Träume zu früh aussetzt, besteht die Gefahr, dass du sie verlierst oder dich selbst zerstörst. Das war der Fehler, den Joseph machte. Er teilte kindisch, unschuldig, vorzeitig seine Träume mit seinen Brüdern und aus Neid und Hass gelang es ihnen beinahe, ihn und seine Träume zu zerstören. Erinnere dich, in der Wüste sagten sie: "Lasst uns ihn töten und sehen, was aus seinen Träumen wird!" Bitte, "Josephs Brüder" sind heute noch am Leben und sie sind überall. Sie sind überall um dich herum. Bitte sei vorsichtig. Sei weise. Selbst Gott behält die meisten seiner Pläne für sich. Wahr. Sogar die Schriften sagen, dass die geheimen Dinge zu Gott gehören. Er hält Geheimnisse so sehr. Vielleicht ist das einer der Gründe, warum Er erfolgreich ist. Lass es nicht aus, bis es Zeit ist!

Ich hatte diese schreckliche Erfahrung, als ich mein zweites Buch schrieb. Ich hatte einen leitenden Ministerfreund, der mir das Thema und meine Vision von der Arbeit erzählte. Ich dachte, ich wäre in einer sicheren Hand, aber bevor ich es wusste, hatte der Mann eilig zum gleichen Thema geschrieben und nutzte seine Position, um es in der ganzen Nation zu verbreiten. Stell dir das vor! Ich fühlte mich so schlecht. Ich fühlte mich betrogen. Aber wenn du gesegnet bist, bist du in der Tat gesegnet! Ich habe den Mut aufgebracht und diese Arbeit vollendet und wenn du meine Arbeit durchführst, wirst du wissen, dass es das Original ist, inspiriert und ein Segen für die Gemeinde. Nachahmung kann niemals wie das Original sein! Sei einfach du selbst, bete, sei wahr und arbeite hart, niemand wird deinen Platz einnehmen können. Teile deine Träume nicht mit allen anderen. Übertragen Sie es nicht vorzeitig, es sei denn, Sie möchten es verlieren oder sich selbst zerstören.

Nehemia behielt seine Mission von anderen fern, bis er mit der Planung, Inspektion, Untersuchung und Bewertung der Aufgabe fertig war. Hör ihm zu:

"Drei Tage nach meiner Ankunft in Jerusalem bin ich während der Nacht herausgerutscht und habe nur ein paar andere mitgenommen. Ich hatte niemandem von den Plänen erzählt, die Gott in mein Herz für Jerusalem gelegt hatte. Wir nahmen keine Lasttiere mit, außer dem Esel, den ich selbst fuhr. Ich ging durch das Taltor, vorbei an Jackals Brunnen, und zum Misttor, um die zerbrochenen Wände und verbrannten Tore zu inspizieren. Dann ging ich zum Fountain Gate und zum King's Pool, aber mein Esel konnte nicht durch die Trümmer kommen. Also ging ich stattdessen das Kidrontal hinauf, untersuchte die Wand, bevor ich mich umdrehte und wieder am Taltor eintrat.

Die Stadtbeamten wussten nicht, dass ich da draußen war oder was ich tat, denn <u>ich hatte noch niemandem etwas über meine Pläne gesagt.</u> Ich hatte noch nicht mit den religiösen und politischen Führern, den Beamten oder sonst jemandem in der Verwaltung gesprochen. "
Nehemia 2: 11-16

Jetzt, als er sich sicher war, dass die Arbeit erfolgreich verlaufen würde, dass es ausfallsicher war, versammelte er die politischen, religiösen Führer und die Menschen und teilte die Vision mit ihnen. Das Ergebnis war fantastisch. Da der spirituelle, der physische und der strategische Hintergrund festgelegt wurden, war die Reaktion der Menschen sehr positiv.

Teile deine Vision, involviere andere

Du musst andere in deinen Traum einbeziehen, wenn du wirklich willst, dass sie sich über dich hinaus ausdehnen. Es gibt Menschen, die Gott reserviert hat, um Ihnen zu helfen, diese Vision zu interpretieren und auszuführen. Sie müssen sie gebeterfüllt, sorgfältig identifizieren; teile den Traum (zur richtigen Zeit) mit ihnen und unterhalte dich möglicherweise mit ihnen, um ihn zu verwirklichen. Es ist nicht jeder Traum, der von einer Person gehandhabt werden kann. Manche Visionen sind jenseits des Träumers, einer Familie oder nur von Freunden. Es gibt Träume, die sehr groß und schwer sind und die jeden brechen können, der es alleine behalten oder verwalten möchte. Ja! Nehemia hat andere einbezogen. Aber bevor wir zu ihm zurückkehren, sehen wir zuerst, wie andere es getan haben.

Jesus

Schaut auf den Dienst Jesu Christi. Mit all seiner Weisheit, seiner Salbung und seiner göttlichen Natur konnte Er die Mission nicht alleine durchführen. Nach der Erfahrung von vierzig Tagen und Nächten (wo Er die Blaupause erhielt), kam Er von dort herunter und fing sofort an, die Leute zu fischen, die ihm helfen werden, die Vision auszuführen. Er hatte die zwölf Apostel, die hundertzwanzig Jünger, Seine Anhänger, die geheimen Jünger wie Nikodemus und Joseph von Arimathäa. Sogar unter den Aposteln hatte er noch Petrus, Jakobus und Johannes als die engsten Vertrauten. Unter den auch gab es den geliebten John. Und unter den weiblichen Anhängern waren Marry und Martha in ihrer eigenen Kategorie. Er würde immer zu ihrem Platz gehen, um sich zu erfrischen.

Bitte frag mich nicht, ob sie wunderbare Köche waren oder nicht, weil ich es nicht weiß. Aber Tatsache ist, dass sie Gunst und Vertrauen vor dem Herrn fanden. Dann war auch Judas, der Dieb, der Verräter, um seinen eigenen unehrenhaften Teil der Mission zu erfüllen. Es gab verschiedene Ebenen und Arten von Visions- Unterstützern, Partnern und Helfern für Ihn. Jeder hatte eine Rolle zu spielen. Während du betest, bringt Gott sie dazu, dir zu helfen, diesen Traum zu erreichen. Jede Vision, jeder Traum hat seine eigenen göttlich ernannten Helfer, die darauf warten, entdeckt und an Bord genommen zu werden.

Moses versuchte es alleine zu machen

Der Große Moses versuchte alles alleine zu tun und hätte sich selbst zerstört. Gott sei Dank hatte er einen sehr weisen Schwiegervater in Jethro, der ihm riet, andere zu delegieren. Teilen Sie die Vision. Ich denke, dieser Abschnitt ist einer der besten Orte, an denen man in der ganzen Schrift über Sehhilfe und Delegieren von Pflichten unterrichten kann, also erlaube mir bitte, die ganze Geschichte durchzugehen, bitte! Machst du? Es gibt großartige Lektionen und Aussagen, die wir hier sehen müssen:

"Am nächsten Tag saß Moses wie immer da, um die Klagen der Leute zu hören. Sie standen von morgens bis abends vor ihm. Als Moses Schwiegervater alles sah, was Moses für das Volk tat, sagte er: Warum versuchst du das alles alleine zu tun? Die Leute haben den ganzen Tag hier gestanden, um Hilfe zu holen. « Moses antwortete: "Nun, die Leute kommen zu mir, um Gottes Führung zu suchen. Wenn ein Streit entsteht, bin ich derjenige, der den Fall regelt. Ich informiere die Menschen über die Entscheidungen Gottes und lehre sie seine Gesetze und Anweisungen".

»Das ist nicht gut!« Rief sein Schwiegervater aus. »Du wirst dich selbst fertigmachen - und die Leute auch. Dieser Job ist zu schwer für Sie, um alleine damit fertig zu werden. Nun lass mich dir ein Wort des Rates geben und möge Gott mit dir sein. Du solltest weiterhin der Repräsentant der Leute vor Gott sein und ihm seine Fragen stellen, um entschieden zu werden. Sie sollten ihnen die Entscheidungen Gottes sagen, ihnen die Gesetze und Anweisungen Gottes beibringen und ihnen zeigen, wie sie ihr Leben führen können. Finde aber fähige, ehrliche Männer, die Gott fürchten und Bestechungsgelder hassen. Ernennen Sie sie als Richter über Gruppen von eintausend, hundert, fünfzig und zehn. Diese Männer können den Menschen dienen und alle gewöhnlichen Fälle lösen. Alles, was zu wichtig oder zu kompliziert ist, kann zu Ihnen gebracht werden. Aber sie kümmern sich selbst um die kleineren Dinge. Sie helfen Ihnen, die Ladung zu tragen, und erleichtern Ihnen die Arbeit. "

2 Mose 18: 13-22

Beeindruckend! Große Weisheit in der Tat! Ja, sie helfen dir, die Last zu tragen und dir die Arbeit zu erleichtern! Wahr! Das ist der Grund, Ihre Vision mit anderen zu teilen, sie an Bord zu bringen und Pflichten und Befugnisse an sie zu delegieren. Sie können es nicht alleine tun, besonders wenn die Vision groß wird. Es gibt ein gewisses Ausmaß, in dem du als Individuum gehen kannst, und es gibt auch die Ebene der Erweiterung und des Erfolgs, die du erreichen wirst, wenn du andere involvierst. Du musst sie jedoch sorgfältig und gebeterfüllt auswählen. Die Bibel unterstützte diesen Grundsatz, als sie sagte,

"Fünf von euch werden hundert jagen, und hundert von euch werden zehntausend verfolgen!"

Leviticus 26: 8

Multiplikation von Erfolg und Verfolgung! Hast du was verstanden? Ich liebe es immer, zu den heiligen Schriften zurückzufallen. Man kann die kollektive und diversifizierte Weisheit, Leistung, Bindung, Kontakte und Stärke vieler Menschen nicht mit der eines Mannes vergleichen. Noch nie! Je mehr Menschen, desto geringer die Belastung, desto kürzer die Zeit und desto größer der Erfolg. Beziehe andere bitte mit ein. Erweitern! Nehemia hatte diese Weisheit. Er kam zurück und teilte seine Last und Vision mit seinen Leuten; sie kauften sich hinein und schlossen sich ihm aufgeregt an, um die Aufgabe zu erfüllen. Kein Wunder, dass die Aufgabe in Rekordzeit erfolgreich gelöst wurde.

"Aber jetzt sagte ich zu ihnen:" Sie kennen die Tragödie unserer Stadt gut. Es liegt in Ruinen, und seine Tore sind verbrannt. Lasst uns die Mauer von Jerusalem wieder aufbauen und uns von dieser Schande befreien! "Dann erzählte ich ihnen, wie die gnädige Hand Gottes auf mir gewesen war und über meine Unterhaltung mit dem König. Sie antworteten sofort: "Gut! Lass uns die Mauer wieder aufbauen! "Also begannen sie die gute Arbeit."

Nehemia 2:17

Bist du gesegnet? Lass uns wissen. Senden Sie mir sofort eine E-Mail: gabrielagbo@yahoo.com oder rufen Sie an: + 234-8037113283. Jetzt gehen wir zur Arbeit!

Harte Arbeit

Nichts ersetzt harte Arbeit. Arbeiten ist, wenn Sie beginnen, Ihre Vision wie geplant auszuführen. Nachdem du die Vision erhalten hast, träume, dass du es planst, dann gehst du zur Arbeit. Wenn du das nicht tust, bleibt die Vision ein Traum, weil sie nicht aktualisiert wird. Arbeit mit anderen Worten ist die physikalische Interpretation der

Vision. Nehemia und sein Volk haben so hart gearbeitet, um diese Vision des Wiederaufbaus der Mauern und der Stadt Jerusalem zu verwirklichen. Wir müssen hart arbeiten, sehr hart, wenn wir die Vision, die Gott uns gegeben hat, geboren haben wollen. Zeig mir einen erfolgreichen Mann und ich werde dir einen harten Arbeiter zeigen.

Gott sei Dank hat er nicht auf der Traumbühne angehalten. Er plante und ging sofort zur Arbeit und erzielte damit großen Erfolg. Monumentaler, ungewöhnlicher Erfolg! Ich denke, wir sollten das alles von Gott selbst lernen. Nachdem er über die Erde geschwebt hatte, ging Er zur Arbeit, indem Er Seine Vision einer neuen und schönen Erde ausführte. Er arbeitete so hart, dass er beschloss, sich am siebten Tag auszuruhen. Bitte, frag mich nicht, ob Er müde war, weil ich es nicht weiß. Aber die Bibel sagte, dass er ausgeruht war. Und es ist nur eine Person, die Energie ausgeübt hat, sehr hart gearbeitet hat, die über Ruhe sprechen wird. Gott hat gearbeitet und arbeitet immer noch. Oder Sie denken, es ist einfach, dieses riesige Universum zu verwalten? Er wacht Tag und Nacht über Seine Schöpfung.

Wenn du also von Gott bist, wie er, musst du sehr hart arbeiten und arbeiten. Manche Leute machen den Fehler, eine Vision zu bekommen und einfach darüber zu beten. Sie sagen dir, dass Gott die Kontrolle übernehmen oder von dort übernehmen wird. Nein! So funktioniert es nicht. Auch nach dem Beten müssen Sie es planen und erarbeiten; mit Gottes Hilfe. Wenn Sie arbeiten, zeigen Sie einfach dieses kreative Bild und Abbild Gottes. Gott möchte dich segnen, aber Er sagt, Er wird die Werke Deiner Hände segnen. Er wird segnen, was du tust! Ist es nicht in deinen Bibeln? Du wirst pflanzen und gießen, aber Er wird es wachsen lassen. Gott kommt nicht, um für dich zu pflanzen und zu wässern. Du solltest. Die Implikation ist, dass, wenn du nicht arbeitest und pflanzt, kann Er nicht finden, wofür du dich segnest. Wenn wir arbeiten, schaffen wir einen Kanal, um Gottes Segen zu empfangen.

Nun, hast du auch bemerkt, dass wenn Gott, dir ein Wunder geben will, möchte er oft, dass du ein Teil davon bist? Er sagt dir, dass du das eine oder andere physisch tun solltest, um deinen Glauben zu demonstrieren. Arbeiten ist die äußere, physische Demonstration unseres inneren Glaubens an das, was Gott uns gesagt hat. Ich glaube, jemand im Neuen Testament hat gesagt, dass er seinen Glauben durch seine Arbeit zeigen wird - was er tut.

Er sagte, dass der Glaube an die Arbeit tot ist. Ist es James? Wahr. Seht euch das an: Als die Könige von Juda, Israel, Edom und ihre Truppen wegen Wassermangels in der Wüste gestrandet waren, berieten sie Gott durch den Propheten Elisa und was sagte Gott ihnen? Hör genau zu:

"Und er sprach: So spricht der HERR: Mach dieses Tal voll von Gräben. Denn so spricht der HERR: Ihr werdet keinen Wind sehen, und ihr werdet keinen Regen sehen, doch dieses Tal wird mit Wasser gefüllt sein, damit ihr trinkt, ihr beiden, und euer Vieh und eure Tiere. "
2 Könige 3: 16-17 (KJV)

Mach Kanäle! Hast du was verstanden? Gott versicherte ihnen, dass Er das Wasser für sie herunterbringen würde, aber sie müssen Gräben, Raum, Raum schaffen, in dem das Wasser gespeichert wird. Wenn du arbeitest, stellst du diesen Kanal für deinen Segen zur Verfügung und auch die Räume, wo sie aufbewahrt werden. Wir müssen dieses Prinzip sehr gut verstehen, wenn wir Erfolg haben müssen. Es gibt etwas, was Gott dir gegeben hat; du musst Tag und Nacht sehr hart daran arbeiten, wie Nehemiah, wenn du maximalen Erfolg erzielen willst.

Schau auf Jesus Christus. Er hat so hart gearbeitet. Das war jemand mit außergewöhnlicher Geburt, Anmut und Salbung, aber er arbeitete auch so hart, um einen ungewöhnlichen Erfolg zu erzielen. In der Nacht findest du Ihn auf dem Berg und betet. In der Tagespause ist er schon in der Synagoge oder sonst wo, predigt, lehrt oder heilt Kranke. Selbst am Sabbat ging Er die Arbeit machen. Hast du das bemerkt? Und sieh dir an, was geschah, als er einen Mann heilte, der 38 Jahre lang am Pool von Bethesda an einem der Sabbattage krank war. Die jüdischen Führer widersprachen dem und sagten ihm, dass es illegal sei, dass er am Ruhetag nicht arbeiten könne. Höre nun auf Seine Antwort Jesus:

"Mein Vater hört nie auf zu arbeiten, also warum sollte ich?"
Johannes 5:17

Oh mein Gott! Kannst du das besiegen? Gott hört nie auf zu arbeiten, also warum sollten wir? Wir müssen die Vision ausarbeiten! Und Er war derjenige, der uns auch sagte, dass wir arbeiten müssen, solange es Tag ist. Wenn du groß sein musst, wenn du erfolgreich sein willst und wenn du einen ungewöhnlichen Erfolg erzielen willst, musst du sehr hart arbeiten. Und nicht nur arbeiten, du musst hart an der Vision arbeiten, die Gott dir gegeben hat. Ich liebe die Art, wie Habakkuk alles zusammenfasst, was wir hier gesagt haben:

"Und der HERR antwortete mir und sprach: Schreibe die Vision und mache sie klar auf den Tischen, <u>damit sie laufen, die sie lesen</u>."
Habakkuk 2: 2

Hole dir die Vision, notiere die Pläne und beginne damit zu arbeiten. Das ist es! Diejenigen, die Visionen erhalten, müssen bereit sein, damit zu leben. Du kannst dich nicht hinsetzen und hast es erfüllt. Aufstehen! Du kannst es dir nicht leisten, faul oder selbstgefällig zu sein. Steh auf und bleib in Bewegung, arbeite weiter! Du musst damit rennen und rennen. Du musst wach sein und es tun. Gelobt sei Gott! Nehemia arbeitete so hart, um seine Vision zu verwirklichen. Erfolgreiche Männer sind normalerweise harte Arbeiter. Du bist mobil. Du bist immer in Bewegung - arbeite daran, dass deine Träume Wirklichkeit werden. Hör ihm zu:

"Wir haben früh und spät gearbeitet, von Sonnenaufgang bis Sonnenuntergang."
Nehemia 4:21

Darüber hinaus motivierte Nehemia seine Partner und Arbeiter auch physisch und spirituell. Sie müssen dies auch tun, wenn Sie dieses Maß an Erfolg erreichen wollen. Sie müssen lernen, Menschen zu mobilisieren und zu motivieren, Ihre Träume zu verwirklichen. Dies ist sehr wichtig. Er inspirierte andere, indem er sich persönlich an der Arbeit beteiligte. Er ermutigte sie zeitweilig mit der Zusicherung von Gottes Schutz, Versorgung und Belohnung. Diese sind sehr wichtig, wenn du möchtest, dass Menschen deiner Vision vertrauen und für sie arbeiten. Er gab Richtung und Führung, wenn nötig. Er war für sie in Gefahr und in Sicherheit, also vertrauten sie ihm.

Opfern

Als nächstes hat Nehemia viel für die Verwirklichung des Projekts geopfert. Erfolg, ungewöhnlicher Erfolg erfordert viel Opfer. Sie werden Ihre persönliche Bequemlichkeit opfern, Ihre Freude. Du wirst manchmal deine Zeit, dein Ego und deine geringeren Ambitionen opfern. Erinnern Sie sich, er hat seine edle, beneidenswerte Arbeit im Palast in Susa verlassen, um zu kommen und an diesen verbrannten und verkohlten Geräuschen von Mauern und Häusern zu arbeiten. Er hätte im Palast bleiben und sich amüsieren können und die Ruinenstadt und die Mauern für die ruinösen Menschen zurück nach Hause verlassen können. Wir müssen immer mutig sein, unsere Komfortzonen zu verlassen, um ein größeres und kollektives göttliches Interesse zu erreichen. Hier liegen immer die ungewöhnlichen Erfolge. Jesus verließ seinen Platz im Himmel, um auf die Erde zu kommen, um den höchsten Preis zu zahlen, und das brachte ihm einen ungewöhnlichen Erfolg ein - ein Name, der über allem steht! Es gibt keinen monumentalen Erfolg ohne ein monumentales Opfer. Ja, überall sieht man einen herausragenden Erfolg; Ich weiß nur, dass irgendwo jemand den Preis bezahlt hat. Ohne Opfer wird es keine Größe geben. Nehemia bezahlte den Preis. Zusätzlich zu seiner persönlichen Teilnahme und Überwachung der Arbeit, verlor er seine Ansprüche und seinen Trost, nur um seinen Leuten zu helfen. Großartiger Mann!

Achtes Kapitel
Hindernisse überwinden

Du musst Hindernisse auf deinem Weg zum Erfolg erwarten. Wenn überhaupt keine Hindernisse vorhanden sind, kann es sein, dass du zu Recht vermutest, dass du tatsächlich auf dem richtigen Weg bist. Wahr. Der Weg zu jedem großen Schicksal, Ziel oder Errungenschaft ist oft mit "Minen" verbunden. Kein Wunder, dass die Bibel dich deutlich davor warnt, dass du es nicht seltsam finden solltest, wenn du diese Barrieren triffst, aber mit Gebet, Glaube und Mut durchläufst du sie, konzentrierst dich auf dein Ziel und erreichst deinen Erfolg. Ja, für Hindernisse, Barrieren, Gegensätze müssen sie kommen, aber freuen sich für Gott, er hat bereits deinen Sieg berücksichtigt! Ich freue mich wieder!

Nehemiah war nicht immun gegen diese Hindernisse. Sofort bewegte er sich, um seine Vision umzusetzen, die Feinde erhoben sich gegen ihn. Nicht nur ein- oder zweimal, sondern sie fingen am Anfang an und warteten auch an jeder Ecke auf ihn. Er kämpfte bis zum Abschluss des Projekts mit der Opposition. Und sie waren nicht nur gewöhnliche Feinde, sondern diejenigen, die darauf aus waren, den Traum und den Träumer vollständig zu zerstören. Höre Nehemia:

"Als ich zum Gouverneur der Provinz westlich des Euphrat kam, übergab ich ihnen die Briefe des Königs. Der König, ich sollte hinzufügen, hatte Armeeoffiziere und Reiter geschickt, um mich zu schützen. <u>Aber als Samballat, der Horoniter und Tobiah, der ammonitische Beamte von meiner Ankunft erfuhren, waren sie sehr verärgert darüber, dass jemand gekommen war, der daran interessiert war, Israel zu helfen.</u>"
Nehemia 2:10

Tobiah und Samballat

Ja, die Feinde - Tobiah und Samballat wurden wütend, dass jemand gekommen ist, um dem Volk Gottes zu helfen. Tatsächlich hat die Bibel ihr Gefühl bestätigt. Es sagte, dass sie sehr wütend waren. Hört zu, jeder Gott, dem eine Vision, ein Projekt, eine Mission gegeben wird, besonders derjenige, der den Menschen helfen wird, wird immer die Wut des Feindes anziehen. Und jede Vision hat ihre eigene Tobiah und Samballat. Wenn du eine Vision ausführst und sie nicht vom Feind bekämpft wurde, dann überprüfe genau, ob diese spezielle Vision tatsächlich von Gott ist. Jedes göttliche Projekt MUSS vom Feind angegriffen werden. Und ich kann dir schnell sagen warum. Es ist, weil jede Erfüllung von Gottes Projekt eine Erschöpfung des Königreichs Satans ist, und es erinnert ihn auch an seine endgültige Niederlage. Also kämpft er gegen Gottes Vorhaben, sie mit allem, was er hat, zu zerstören. Ich meine alle! Und deine wird kein Ausschluss sein.

Tobiah und Samballat waren sehr wütend, dass Nehemia die zerstörten Mauern und die Stadt Jerusalem wieder aufbauen wollte. Wie gesagt, jede Vision hat ihre eigene Tobiah und Samballat. Sie können geistig oder körperlich sein. Aber wie auch immer es sich manifestiert, das Wichtigste ist, dass es aus einer einzigen Quelle kommt - Satan. Satan ist der Erzfeind Gottes und des Menschen. Selbst wenn du äußerliche Manifestationen siehst, ist die Person dahinter immer noch Satan der Teufel. Ja! Ob sie gegen deine Ehe, gegen dein Geschäft, deinen Dienst, deine Familie, deine Gesundheit, deine Visionen, deine Freude usw. sind, sie sind alle von ihm. Er hasst Gott und der Mensch wird Leidenschaft und wird immer ihre Projekte angreifen. Also, jedes andere Mal, wenn Sie mit Gegensätzen konfrontiert sind, schauen Sie bitte über den menschlichen Agenten hinaus und sehen Sie sich den Mater Planner an. Und was du zuerst tun solltest, ist, ihn zu tadeln und zu binden und dann den menschlichen und physischen Aspekt anzugehen. Gott sei Dank hat Nehemia genau das getan und es ist ihm gelungen!

Nun, interessanterweise fanden wir diese verschiedenen Stadien der Opposition zu unserem Erfolg in Nehemias Erfahrung und wir wollen sie nacheinander kommentieren. Sollen wir? OK los geht's:

Zorn

Die Feinde waren wütend auf Nehemias Vision und Mut, die zerstörte Stadt wieder aufzubauen. Erwarte die Wut der Feinde immer dann, wenn du versuchst, in dein Schicksal oder deine Vision vorzudringen. Sie wollen, dass du zurückgehst und nicht weiterkommst. Sie möchten, dass du so bleibst, wie du bist, oder höchstens auf der gleichen Ebene mit ihnen bist. Jede Bewegung, die du zu deinem Erfolg machen willst, wird sie sicherlich wütend machen. Menschen ermutigen natürlich nicht andere, sich über sie zu bewegen, und es manifestiert sich oft als Wut und Neid in ihnen. Schau, als Joseph seinen Brüdern von seinen Träumen erzählte, sie hassten ihn und versuchten ihn und die Träume zu töten. Du erinnerst dich daran, was sie gesagt haben, als er sich ihnen in Dothan näherte,

"Hier kommt dieser Träumer! Komm, lass uns ihn töten und ihn in eine tiefe Grube werfen. Wir können unserem Vater sagen, dass ein wildes Tier ihn gefressen hat. Dann werden wir sehen, was aus all seinen Träumen wird! "
1 Mose 37: 19-20

Hast du das gehört? Gott sei Dank, dass Bruder Reuben göttlich in der Lage war, ihn zu retten; Sonst hätten sie ihn in diesem Wald abgeschlachtet. Und was war das Problem? Seine Träume! Seine Visionen, ein erfolgreicher Mann zu werden, entfachten Wut und Eifersucht in seinen Brüdern. Und jetzt sollte es sich in Verschwörung, Mord und Vertuschung verwandeln. Deine Vision kann die Feinde verärgern und sie können jede Länge nehmen, um dich aufzuhalten. Sei vorsichtig und bete. Gott sei Dank, Nehemia und Joseph haben das überlebt. Manche Leute nicht. Es gibt Menschen, die gleich nach der Ankündigung ihrer Visionen eliminiert wurden. Wahr.

Sieh dir auch Baby Jesus an; Er entging auf wundersamer Weise dem Tod, als die Weisen Herodes verkündeten, den Stern des neuen Judenkönigs gesehen zu haben. Es brauchte ein Spinnennetz göttlichen Manövrierens für Gott, um ihn vor Herodes Zorn zu retten. Herodes tat alles, um Jesus loszuwerden, und als er versagte, befahl er sofort das Massaker an Tausenden von unschuldigen Kindern in und um Bethlehem in der Erwartung, dass Jesus betroffen sein würde. Es gibt keine Grenzen dafür, was Wut und Eifersucht bewirken können. Auf jeden Fall werden die Leute wütend auf deine Vision sein, und einige von ihnen wirst du vielleicht nie wissen, weil sie mit einem lächelnden Gesicht kommen werden. Bete, sei wachsam und mach weiter.

Spott

Jedes von Gott gegebene Projekt wird von Satan verspottet. Ja, ich sagte Satan, weil er eigentlich die Person hinter allem ist. Spott kann sehr schmerzhaft und frustrierend sein.

Tatsächlich fand es Jesus selbst nicht leicht, wenn er verspottet wurde. Die gleichen Leute, die er rettete, machten ihn bei jeder Gelegenheit lächerlich. Sie nannten ihn einen Usurpator, einen Fälscher, König der Dämonen, einen Lügner, einen Betrüger, einen Betrüger. Und selbst am Kreuz verspottete ihn einer der Diebe. Gott sei Dank blieb er gebeterfüllt, konzentriert und seiner Vision verpflichtet, die die Menschheit retten sollte. Dies ist genau das, was du tun musst, wenn du verspottet wirst; du musst gebeterfüllt, konzentriert und engagiert für deine Vision bleiben. Es gibt kein erfolgreiches großes Schicksal oder eine Vision, die nicht verspottet wurde. Und manchmal kommt diese Lächerlichkeit von unerwarteten oder sogar vertrauenswürdigen Vierteln. Nun, wenn du konzentriert bleibst, werden all die Leute, die dich verspottet haben, definitiv zurückkommen, um dich zu loben und sich mit dir zu freuen, wenn du Erfolg hast. Einige werden sogar wie Josephs Brüder um Hilfe kommen. Erfolg ist das Gewinnerwort! Du erinnerst dich auch daran, dass die gleichen Leute, die Jesus töteten und verspotteten, als er fast augenblicklich am Kreuz hing, ihn lobten, als sie die großen Zeichen sahen, nachdem Er den Geist aufgegeben hatte. Hör dir das an:

"Dann schrie Jesus wieder und er gab seinen Geist auf. In diesem Moment wurde der Vorhang im Tempel von oben bis unten zerrissen. Die Erde bebte, Felsen spalteten sich auseinander ... Der römische Offizier und die anderen Soldaten bei der Kreuzigung waren von dem Erdbeben und allem, was geschehen war, erschrocken. Sie sagten: "Wirklich, das war der Sohn Gottes!"
Matthäus 27: 50-54

Hast du das gehört? Die gleichen Leute, der gleiche Mund, der gleiche Ort. Nur wenige Minuten später, nachdem sie die übernatürlichen Demonstrationen gesehen hatten, begannen sie, den Mann als den Sohn Gottes anzuerkennen! Das ist ein Mann für dich. Diejenigen, die verfolgt, verspottet und gegen dich gearbeitet haben, werden bald anfangen, Gott mit dir zu loben! Aber Sie müssen mutig sein und danach streben, es zum erfolgreichen Ende zu bringen. Sei stark und konzentriert!

Als sie von Nehemias Vision hörten, die zerbrochene und verbrannte Stadt Jerusalem wieder aufzubauen, wurden sie wütend, und als sie sahen, dass die eigentliche Arbeit begonnen hatte, verspotteten sie es. Höre sie:

Samballat war sehr wütend, als er erfuhr, dass wir die Mauer neu bauten. Er geriet in Wut und verspottete die Juden und sagte vor seinen Freunden und den Samarianern: "<u>Was glaubt dieser Haufen armer, schwächlicher Juden?</u> Glauben sie, dass sie die Mauer an einem Tag bauen können, wenn sie genug Opfer bringen? Sieh dir die verkohlten Steine an, die sie aus dem Müll ziehen und wieder benutzen! Tobija, der Ammoniter, der neben ihm stand, bemerkte: "Diese Steinmauer würde zusammenbrechen, wenn sogar ein Fuchs auf der Spitze davon laufen würde!"
Nehemia 4: 1-4

Echter Spott! Und merkst du hier etwas? Zuerst waren sie wütend, dann gerieten sie in Wut und später werden sie wütend werden. Progressive Qualifikation! Das gleiche geschah mit ihren Zahlen. Zuerst waren es Tobiah und Samballat, dann Geshem, der Araber, und später wurden sie eine Menge. Manchmal könnte der Widerstand zunehmen, aber das sollte dich nicht entmutigen. Wer bei dir ist, derjenige, der dir die Vision gegeben hat, ist größer als all die Gegensätze, die sich jemals gegen dich sammeln können!

Nehemias Antwort an die Spötter war, dass der Gott des Himmels ihnen helfen wird, die Vision zu erfüllen. Und er tat es! Preis sei Gott! Und wieder betete er. Gebet ist der Schlüssel! Bitte höre nur auf ihn:

Dann betete ich: "Höre uns, o unser Gott, denn wir werden verspottet. Möge ihr Spott auf ihre eigenen Köpfe zurückfallen, und mögen sie selbst Gefangene in einem fremden Land werden! Ignoriere ihre Schuld nicht. Lösche nicht ihre Sünden, denn sie haben dich in Gegenwart der Erbauer zum Zorn gereizt. "
Nehemia 4: 4-5

Er verließ sich so sehr auf Gebet und Gott. Bei jeder Gelegenheit betete er. Bei jeder Opposition und jeder Herausforderung betete er. Gebet, Gebet, Gebet! Bekommen Sie meine Bücher *Macht der Mitternacht Gebet* und *Gebet von Josaphat*, um den Geist des

Gebets zu fangen. Es ist sehr wichtig. Nehemia betete seine Vision in Erfüllung. Er betete seine Feinde aus dem Weg. Er betete Gott und den Menschen um sich und sein Vorhaben. Sie müssen wieder beten und beten, wenn Sie wirklich ein Erfolg sein wollen.

Weigerung zu helfen

Wenn Sie darum kämpfen, erfolgreich zu sein, gibt es Leute, die Ihnen nicht offen widersprechen, aber sie werden auch nicht helfen. Nehemia ging das durch. Die Leute von Tekoa halfen bei der Arbeit, aber ihre Führer weigerten sich. Zum Beispiel reparierten diese Leute den Abschnitt gegenüber dem großen vorspringenden Turm und der Mauer von Ophel. Aber ihre Anführer blieben unnahbar. Warum? Es könnte viele Gründe geben. Manche Leute helfen dir vielleicht nicht, weil sie nicht an dich oder in deine Träume glauben. Andere mögen neidisch sein, neidisch sein oder vielleicht Dinge (real und unwirklich) in ihren Herzen gegen dich beherbergen. Gott sei Dank, dass die Leute von Tekoa ihren Führern trotzten, sich dem Werk Gottes anzuschließen. Möge deine Treue gegenüber einem Menschen oder einer Gruppe von Menschen dir nicht die Gelegenheit nehmen, den Willen Gottes zu tun! Deine erste Treue und Liebe sollte Gott, Seinem Volk und Seinem Werk sein. Sehen Sie tolle Leute:
"Als nächstes kamen die Leute aus Tekoa, obwohl ihre Anführer sich weigerten zu helfen."
Nehemia 3: 5

Kämpfe gegen uns

Nun, als all dies fehlschlug, begannen diese entschlossenen und verzweifelten Feinde Pläne zu schmieden, wie sie gegen Nehemia und seine Arbeiter kämpfen sollten. Sie waren wütend, dass dieser Mann sich einfach nicht entmutigen ließ. Die Feinde könnten manchmal wütend auf dich und deine Träume sein. Wahr. Du hasst es, wenn du angesichts extremer Widerstände den Mut hast, weiterzumachen. Ja, Gott hat dir die Tür geöffnet, aber die Schriften warnten auch, dass es viele Gegner geben wird. Und sieh dir das an, ich habe dir gesagt, dass die Feinde sich von Tag zu Tag erweitern:

Aber als Samballat und Tobiah und die Araber, Ammoniten und Ashdoditen hörten, dass die Arbeit voranging und dass die Lücken in der Mauer repariert würden, wurden sie wütend. <u>Sie alle machten Pläne, gegen Jerusalem zu kommen und dort zu kämpfen und dort Verwirrung zu stiften. Aber wir beteten zu unserem Gott und bewachten die Stadt Tag und Nacht, um uns zu schützen ... Währenddessen sagten unsere Feinde: "Bevor sie wissen, was passiert, werden wir auf sie herabstürzen und sie töten und ihre Arbeit beenden."</u> Die Juden, die in der Nähe des Feindes lebten, kamen und erzählten uns immer wieder: "<u>Sie werden aus allen Richtungen kommen und uns angreifen</u>!" Nehemia 4: 7-9, 11-12

Sie müssen die Verwirklichung Ihres Schicksals als Krieg sehen, und wie in allen Kriegen wird es viele Schlachten und Schlachtfelder geben. Die Feinde deines Traums werden sicherlich kämpfen - physisch, psychologisch und spirituell. Wahr. Manchmal, wenn sie in einem Fall versagen, greifen sie zum anderen zurück. Zum Beispiel, wenn sie versuchen, dich geistlich zu stoppen und zu versagen, werden sie sich physisch manifestieren. Oder wenn sie es körperlich versuchen und du ihnen trotzt, dann können sie spirituelle Mittel verwenden. Aber das Ziel ist das gleiche - um Sie und die Vision zu stoppen! Sie planten, in Nehemia und seine Arbeiter einzudringen, Verwirrung zu verursachen und die in Jerusalem aufzuhalten. Sie hatten vor, aus allen Richtungen anzugreifen. Manchmal kommen unsere Gegensätze aus allen Richtungen. Das Ziel ist immer, uns zu umgeben und keinen Raum für unsere Flucht zu lassen. Aber der HERR wird einen Weg der Flucht und des Sieges für uns machen!

Wir werden sagen, wie David, "wir werden plötzlich wie ein Vogel aus der Falle des Voglers fliehen!" Sie haben den unerwarteten Fortschritt der Juden gesehen und sie waren verrückt. Die gleiche alte Strategie des alten Fuchses! Der Feind ist nicht glücklich, dass du immer noch weitermarschierst, nachdem alle auf dich geworfen wurden. Ja, nach allem, was wir durchgemacht haben! Wir werden entkommen! Wir sind entkommen !!!

Aber was hat Nehemia getan? Zuerst hat er gebetet. Dann richtete er angemessene Sicherheit ein, um sich und die Arbeiter Tag und Nacht zu schützen. Das müssen Sie auch tun. Du musst immer beten. Wenn du betest, wird Gott deine Feinde verdrängen und auch ihre bösen Pläne gegen deine Vision zerstreuen. Du musst so viel wie möglich versuchen, dich selbst, deine Arbeiter und die Vision physisch und spirituell zu sichern. Sie sind wegen der Vision nur sauer auf dich. Wenn Sie es heute fallen lassen, werden all diese physischen und spirituellen Feindseligkeiten automatisch aufhören. Wahr. Aber Gott bewahre! Wir müssen die Berufung Gottes in unserem Leben erkennen. Deine Vision ist dein Leben und du kannst es nicht opfern, wegen der Opposition oder der Einschüchterung durch die Feinde. Das ist wichtig. Und du musst dies Tag und Nacht tun. Sei permanent, ewig wachsam!

Einschüchterung, Verschwörung, Locken und Täuschung

Als die Pläne Nehemia belagerten und seine Vision ebenfalls fehlschlug, versuchten die Feinde, ihn herauszulocken und ihm Schaden zuzufügen und ihn mit Gott in Konflikt zu bringen, indem sie gegen ihn sündigten. Sie stellten sogar jemanden an, um eine falsche Prophezeiung zu geben, um ihn zu täuschen. Tatsächlich waren sie wirklich verzweifelt, die Arbeit und den Arbeiter zu zerstören. Aber keine Verschwörung kann deine Vision aufhalten, weil sie von oben kommt. Aber Nehemia sagte zwei sehr wichtige Dinge, von denen ich möchte, dass Sie sie hier notieren, bevor wir fortfahren. Oder vielleicht lesen wir, bevor ich etwas sage:

Als Tobiah, Samballat, Geshem, der Araber, und der Rest unserer Feinde herausfanden, dass ich die Mauer fertig gebaut hatte und keine Lücken mehr blieben - obwohl wir noch nicht die Türen in den Toren aufgehängt hatten - sandten mir Samballat und Geshem eine Nachricht und bat mich, sie in einem der Dörfer in der Ebene von Ono zu treffen. <u>Aber ich merkte, dass sie sich anschickten, mir etwas anzutun, also antwortete ich, indem ich ihnen folgende Botschaft schickte: "Ich mache eine großartige Arbeit! Ich kann nicht aufhören, dich zu treffen.</u> Viermal schickten sie die gleiche Nachricht, und jedes Mal gab ich die gleiche Antwort.
Nehemia 6: 1-4

Später besuchte ich Schemaja, den Sohn Delajas und den Enkel Mehetabels, der in seiner Wohnung eingesperrt war. Er sagte: Laßt uns im Tempel Gottes zusammenkommen und die Türen zuschließen. Deine Feinde kommen heute Nacht, um dich zu töten. "Aber ich antwortete:" Sollte jemand in meiner Position vor der Gefahr davonlaufen? Sollte jemand in meiner Position den Tempel betreten, um sein Leben zu retten? Nein, ich werde es nicht tun! "<u>Ich erkannte, dass Gott nicht mit ihm gesprochen hatte, aber dass er diese Prophezeiung gegen mich ausgesprochen hatte, weil Tobiah und Samballat ihn eingestellt hatten. Sie hofften, mich einschüchtern zu können und mich zu sündigen, indem sie seinem Vorschlag folgten. Dann wären sie in der Lage, mich anzuklagen und zu diskreditieren.</u> "

Erinnere dich, o mein Gott, an all die bösen Dinge, die Tobiah und Samballat getan haben. Und gedenke des Propheten Noadja und aller Propheten wie sie, die versucht haben, mich einzuschüchtern. "
Nehemia 6: 10-14

Zuerst versuchten sie ihn von seiner Aufgabe abzulenken und er weigerte sich. Er sagte, dass sie vier Mal die Nachricht gesendet hätten und vier Mal habe er ihnen die gleiche Antwort gegeben. Beeindruckend! Einige Leute sind in der Tat diszipliniert. Sie müssen bereit sein, dem Feind so oft nein zu sagen, wie er kommt, um dich von deiner Vision wegzulocken. Deine Vision ist dein Leben wie gesagt und darf in keiner Form kompromittiert werden. Erfahre, wie du bei Bedarf Nein sagen kannst. Wenn es darum geht, dich abzulenken, sage bitte ein großes NEIN!

Bei diesen beiden Gelegenheiten versuchten sie, Nehemia wegzulocken und aus seiner Vision sagte er nein und auch das. "Er erkannte ..." Hast du das gesehen? Bei dem ersten Vorfall wurde ihm klar, dass sie planten, ihm etwas zu tun. Dann erkannte er, dass Gott nicht zu Schemaja sprach, sondern dass er von den Feinden angeheuert wurde, um ihn dazu zu bringen, gegen Gott zu sündigen. Jesus Christus! Nehemia war in der Tat für diesen Auftrag gut auf Gott vorbereitet. Er war körperlich, mental, emotional und spirituell vorbereitet. Ich nehme wahr, dass es der Geist Gottes war, der ihn dazu brachte, sich aller Pläne und versteckten Absichten dieser tückischen Menschen bewusst zu sein.

Wir brauchen wirklich diese Salbung, um das zu verwirklichen, was Gott uns bestimmt hat.

Du musst in der Lage sein, jenseits des Physischen, des Unmittelbaren und des Gesichtswertes, der Botschaft zu sehen. Du musst über das hinausblicken, was dir gesagt wird, und über den menschlichen Betrug hinaus, damit du dich der Absichten von Menschen und Feinden bewusst wirst. Unterscheidung ist das Wort hier und du musst Gott um die Fülle dieses Geistes bitten. Manchmal ist der Unterschied zwischen Erfolg und Misserfolg, Sieg und Niederlage nur die Fähigkeit, darüber hinaus zu sehen und zu erkennen. Ich habe immer gesehen, dass Gott mich von dem wegzog, was fürchterliche Unordnung, Gefahr oder Zerstörung bedeutet hätte; manchmal von schlechten Investitionen und Fallen des Feindes.

Eines der größten Geschenke in diesem Leben ist das Geschenk der Unterscheidung. In der Tat kann es dich sogar bei den Investitionsentscheidungen führen. Ich erinnere mich, dass ich einmal einen Fehler machte, der mein Leben kosten sollte und ich wusste es nicht. Selbst als Träumer war es mir verborgen, bis ich mich tief in das Projekt vertieft habe. Aber Gott in Seiner unendlichen Barmherzigkeit benutzte diesen Geist der Einsicht, um mich zurückzuziehen. Tatsächlich war ich fast weg. Stell dir vor, wenn Menschen dich bereits in ihren Visionen aus dem Leichenschauhaus herausholen sehen. Danke Gott für diese Befreiung. Wenn du Gott nicht mitnimmst, bezahlst du dafür einen hohen Preis. Möge Gott uns helfen! Bittet Gott, dass dieser Geist der Unterscheidung dauerhaft auf euch ruht und immer nach dem Herrn fragt. Es manifestiert sich auf verschiedene Arten. Es kommt nach dem Wirken des Geistes Gottes in dir. Es kann durch Träume, Visionen, inneres Zeugnis, kleine stille Stimme und Wort Gottes und sogar durch Ereignisse und Handlungen und auch als direkte Warnung von anderen kommen. Nehemia entkam allen Fallen des Feindes, weil er Gott nahe war und seinen Geist auf sich hatte. Er hat immer die versteckten Absichten des Feindes erkannt.

Widerstehen Sie jedem Versuch, Sie von Ihrer Vision abzulenken. Sei weise, werde vom Geist geführt. Lasst uns kurz einige große Männer sehen, die von ihren Visionen vom Feind und den vermeidbaren hohen Preisen, die sie für ihre Sorglosigkeit bezahlt haben, weggelockt wurden.

Samson wurde weggelockt

Samson der Große wurde vom Feind weggelockt. Dies war ein Mann, den die Engel kamen, um das Kommen zu verkünden, noch bevor seine Mutter ihn empfangen hatte. Er hatte eine große Aufgabe, und er sollte sein Volk völlig aus der brennenden Knechtschaft der Philister befreien. Er behielt die Vision und war erfolgreich, bis er sich entschied, unvorsichtig zu sein. Er widersprach Gottes Wort, gegen die Kultur seines Volkes und den Rat Seiner Eltern, aus dem Lager des Feindes zu heiraten. Und bevor er es erfahren konnte, war er rasiert, geschwächt, geblendet, gedemütigt und besiegt.

Das sind die Dinge, die wir durchmachen, wenn wir unvorsichtig mit Gottes Wort oder mit unserer Aufgabe umgehen.

Nun, derselbe Samson, der die Tore der Feinde herauszog, sie zu Tausenden tötete, Löwen mit bloßen Händen tötete und dazu bestimmt war, sein Volk zu befreien, fand sich geblendet, in Ketten und im Gefängnis. Danke an die philippinische Frau Delilah, mit der er weggelockt wurde. Die Feinde versuchten alle anderen Möglichkeiten und sie scheiterten, also beschlossen sie, seine Schwäche für die Frau auszunutzen und ihn zu zerstören. Samson hat diesen Fehler gründlich bezahlt und ich bete, dass Sie im Namen Jesu niemals einen solchen Fehler machen werden! Der Feind sucht immer nach einem Weg der Schwäche, um uns von unseren Visionen, Aufgaben, Gottes Gunst und Schutz zu locken. Wenn Sie Geld lieben, wird er Geld verwenden. Wenn du Frauen liebst, wird er Frauen gebrauchen und wenn du Position und Stolz liebst, wird er sie auch benutzen, um dich abzulenken. Was ist Ihre Schwäche? Mach es zu! Achtung! Sei weise! Diszipliniert sein! Sei konzentriert!

David

Sicher, David war einer der größten, begehrtesten und mächtigsten Menschen, die man in der Bibel und in der Geschichte findet, aber er hatte auch den Geschmack von Schmerz, Scham und Bedauern, die denjenigen folgten, die sich davon locken ließen. Er wurde von seiner Aufgabe und seinem Ruhm durch die Sünde der Unmoral weggelockt. Als andere Könige mit ihren Aufgaben beschäftigt waren und in den Krieg zogen, blieb David zurück und lief umher. Er sollte bald in die Sünde gelockt werden und die Konsequenzen waren unaussprechlich. In der Tat leidet Israel bis heute an dieser einzigartigen Sorglosigkeit. Dies ist eines der traurigsten Ereignisse in der Bibel von einer der beliebtesten Personen. Möge Gott uns helfen! Bitte lesen Sie, bevor wir weitermachen:

"Im folgenden Frühjahr, der Jahreszeit, in der Könige in den Krieg ziehen, sandte David Joab und die israelitische Armee, um die Ammoniter zu vernichten. Dabei belagerten sie die Stadt Rabba. Aber <u>David blieb in Jerusalem zurück</u>. <u>Eines Nachmittags kam David nach einem Nickerchen aus dem Bett und ging auf dem Dach des Palastes spazieren</u>. Als er über die Stadt hinausschaute, bemerkte er eine Frau von ungewöhnlicher Schönheit beim Baden. <u>Er schickte jemanden, um herauszufinden, wer sie war</u>, und man sagte ihm: "Sie ist Batseba, die Tochter Eliams und die Frau Urias, des Hethiters". Dann sandte David nach ihr; und als sie in den Palast kam, schlief er mit ihr. (Sie hatte gerade die Reinigungsriten abgeschlossen, nachdem sie ihre Menstruation hatte). Dann kehrte sie nach Hause zurück. Später, als Bathsheba entdeckte, dass sie schwanger war, schickte sie eine Nachricht, um David zu informieren. "

2 Samuel 11:1-5

Schande! Sieh dir diese Worte an: "Wenn Könige in den Krieg ziehen, bleibt David zurück." "Er schickt andere, um das zu tun, was er führen soll." "Er schlief immer noch und schlenderte am Nachmittag" "sah und bemerkte eine Frau" , hat geschlafen und sie getränkt '. Oh mein Gott! Furchtbar! Ketten von Fehlern! Dies passiert, wenn Sie Ihre Dienststelle verlassen, wenn Sie Ihre Aufgabe verlassen. Sie werden von einem Fehler zum anderen gehen, bis Sie schließlich gefangen oder zerstört sind. Er tötete schließlich den Mann und heiratete seine Frau. Und dann kam das große Gericht! Möge Gott uns gnädig sein!

Dieser große Mann wurde gründlich gedemütigt, besiegt und entehrt. Gott sei Dank wurde er endlich restauriert, aber es war eine lange und sehr schwierige Erfahrung. Du kennst diese Geschichte schon sehr gut. Dies ist der Preis, den Sie zahlen, wenn Sie sich von Ihrem Auftrag abhalten lassen.

Israel

Der Feind konnte Israel nicht besiegen oder verfluchen, bis sie von Gott weggelockt wurden. Erinnerst du dich an die Geschichte, wie Israel von den Moabiterinnen zur Unmoral und zum Götzendienst verlockt wurde? Davor hatte der Moabiter König Balak aus Furcht einen sehr mächtigen Magier namens Balaam von Pethor nahe dem Euphrat herbeigeschickt, um zu kommen und das Volk Gottes zu verfluchen, aber Gott zwang ihn, sie stattdessen zu segnen. Und der König war damit nicht glücklich. Er war enttäuscht.

Aber nach viel Überredung sagte der Magier ihm später, was er tun sollte. Locke sie von Gott weg. Er machte den König und sein Volk zu verstehen, dass Israel nicht verflucht oder besiegt werden kann, wenn man Gott nicht dazu bringt, sie zu verlassen, indem man sie zur Sünde verleitet. Hörst du? Du kannst nicht herunterkommen; Die Gegensätze können deine Vision nicht einfangen oder zerstören, es sei denn du erlaubst dir selbst, weggelockt zu werden. Bedauerlicherweise fielen die Israeliten später sehr traurig in diese strategische hinterhältige Falle. Ihre Männer begannen mit den Moabiterinnen zu schlafen, und diese Frauen lockten sie allmählich systematisch dazu, Götzen zu verehren, einschließlich des abscheulichen Baal von Peor. Unmoral und Götzendienst! Dies verärgerte Gott, derselbe Gott, der sie eifersüchtig beschützte und segnete. Er schickte sofort eine Seuche, die schließlich 24.000 Menschen tötete, bevor Israel verstand, was geschah:

"Während die Israeliten in Akazien lagerten, beschmutzten sich einige der Männer, indem sie mit den örtlichen Moabiterinnen schliefen. Diese Frauen luden sie ein, ihren Göttern Opfer darzubringen, und schon bald feierten die Israeliten mit ihnen und verehrten die Götter von Moab. Es dauerte nicht lange, bis Israel sich dem Baal von Peor anschloß und den Zorn des Herrn gegen sein Volk loderte. "
Zahlen 25: 1-3

"... die Lehre von Balaam, der Balak gelehrt hat, vor den Kindern Israel einen **Stolperstein zu werfen, Dinge zu essen, die den Götzen geopfert werden und Unzucht treiben.**"
Offenbarung 2:14

Wenn deine Gegner, Gegner, Feinde, Konkurrenten wissen, dass sie dich nicht mit Gewalt zerstören können, werden sie versuchen, dich von Gott wegzulocken, von deiner Vision, von deinem Schicksal. Viele Dinge können dich von deiner Vision wegbringen. Und wenn du es töricht, sorglos erlaubst, dann bereite dich darauf vor, den Preis zu bezahlen, der beinhalten kann: Versagen, Schmerz, Niederlage, Zerstörung und Scham. Israel bezahlte himmlisch für ihre Torheit. Vierundzwanzigtausend Männer sind gegangen, plus andere Sorgen und Verwirrung! Lass dich nicht davon abhalten. Auf Kurs bleiben! Alles oder irgendeine Verbindung, die nicht positiv zur Erreichung Ihrer Träume beitragen wird, wird es schließlich töten. Viele große Männer wurden nicht durch Waffen oder Macht besiegt, sondern durch die Subtilität, die schlauen Täuschungen und Ouvertüren des Feindes. Achtung!

Adam und Eva

Dieses erste Paar wurde auch von der schönen Umgebung, den Segnungen, Plänen und Verheißungen Gottes für ihr Leben weggelockt. Schau, wo Gott sie behielt. dieser schöne Garten, gepflanzt und genährt vom Schöpfer selbst. Das Land hatte außergewöhnlich reines Gold, aromatischen Harz, Onyx-Stein, usw., in Hülle und Fülle. Sie waren verantwortlich für alles und hatten auch eine gute Beziehung zu ihrem Schöpfer. Er hatte große Pläne für sie. Aber die Schlange kam und lockte sie von all diesen.

Die Schlange hier ist nicht die Tierschlange, sondern Satan der Teufel, dieser alte böse Betrüger, dieser Lügner und Spoiler. Er lockte sie in Ungehorsam und die Folgen waren schrecklich. Sünde, Tod, Böses und Versagen treten in die Welt ein; nur durch diesen einzigartigen Fehler. Höre den Meisterbetrüger von seiner besten Seite:

"Jetzt war die Schlange die klügste aller Geschöpfe, die der HERR Gott geschaffen hatte. "Wirklich?", Fragte er die Frau. "Hat Gott wirklich gesagt, dass du keine der Früchte im Garten essen darfst?

Natürlich können wir es essen ", sagte die Frau zu ihm. "Es ist nur die Frucht von dem Baum in der Mitte des Gartens, die wir nicht essen dürfen. Gott sagt, wir dürfen es nicht essen oder gar anfassen oder wir werden sterben.

"Du wirst nicht sterben!", Zischte die Schlange. "Gott weiß, dass deine Augen geöffnet werden, wenn du es isst. Du wirst genau wie Gott werden und alles wissen, sowohl das Gute als auch das Böse. "
1 Mose 3: 1-4

Oh Gott! Ich denke, der Fehler, den Eva hier gemacht hat, war, mit dem Teufel in irgendeiner Form diskutiert zu haben. Du analysierst keine Dinge mit dem Feind. Sie müssen nur ignorieren, widerstehen, tadeln, binden oder wegwerfen. Einfach! Sobald du ihm die Möglichkeit gegeben hast, weiß er definitiv, wie er dich am besten davon überzeugen kann, gegen den Willen Gottes oder gegen deine Vision zu handeln. Er hat einhundertundeine Gründe, warum Sie diese Vision, Projekt, fallen lassen sollten. Wahr. Selbst während ich dieses Buch schreibe, kann er mir die Gründe dafür nennen, warum ich nicht sollte. Der Feind hat sich nicht verändert. Er ist immer noch der gleiche hinterhältige alte Fuchs!

Selbst als Eva ihm das Wort (die Anweisungen) Gottes vortrug, gelang es ihm, sie zu verdrehen, zu verderben und die arme Frau und ihren Ehemann in die Sünde des Ungehorsams zu locken. Und dieser schöne Plan, Schicksal wurde verdorben, verdünnt und verkürzt. Analysiere deine Situation, deine Vision, deinen Zustand nicht mit dem Feind. Halten Sie ihn total davon ab und gehen Sie weiter, damit er Sie weglockt. Gib ihm niemals die Gelegenheit, denn er ist ein Meister in diesem Spiel. Widersetzen Sie ihn, tadeln Sie ihn, binden Sie ihn, werfen Sie ihn weg, schließen Sie ihn oder rennen Sie davon! Wir können weiter und weiter gehen, aber gestatten Sie mir, zu einem sehr guten Beispiel eines Mannes überzugehen, der sich von seiner Reise zum Erfolg nicht locken ließ.

Joseph weigerte sich nachzugeben.

Ja, Joseph weigerte sich, weggelockt zu werden. Du kennst die Geschichte dieses Mannes sehr gut, also schnell zu seinem Aufenthalt in Potiphars Haus. Als dieser hübsche hebräische Junge kam, um in Potiphars Haus zu dienen, sagte die Bibel, dass Gott anfing, ihn zu segnen, segnete seinen Meister, dass sogar der Mann anerkennt, dass Joseph ein bevorzugter und erfolgreicher Mensch war. Aber dem Feind gefiel das nicht, deshalb veranlasste er Potifars Frau, Josef nachzufragen. Und was war das Ziel? Um ihn zu versuchen und seinen Aufstieg zum Erfolg zu stoppen!

Diese Frau tat alles, um den Jungen zur Sünde zu verleiten, doch Joseph weigerte sich. Dies ist eine Person, die seine Zukunft gesehen hat und nicht bereit war, sie zu tauschen. Lass uns lesen:

"... **Nun, Joseph war ein sehr schöner und gut gebauter junger Mann. Um diese Zeit begann Potifars Frau, ihn zu begehren und ihn einzuladen, mit ihr zu schlafen. Aber Joseph lehnte ab. "Schau", sagte er zu ihr, "mein Herr vertraut mir alles in seinem ganzen Haushalt. Niemand hier hat mehr Autorität als ich! Er hat nichts von mir zurückgehalten, außer dir, weil du seine Frau bist. Wie könnte ich jemals so ein böses Ding machen? Es wäre eine große Sünde gegen Gott ".**

Sie setzte ihn Tag für Tag unter Druck, aber er weigerte sich, mit ihr zu schlafen, und behielt sie so gut es ging aus dem Weg. "

1 Mose 39: 6-10

Wir müssen um jeden Preis widerstehen, um von unserer Vision weggelockt zu werden. Sieh dir Joseph an, diese Frauen haben alles Mögliche getan, um sicherzustellen, dass Joseph mit ihr schläft, aber der Typ weigerte sich und hielt Abstand, mied sie. Ich möchte, dass du über das Einschlafen hinausblickst und siehst, was hier eigentlich strittig ist. Der Kampf war für Josephs Schicksal und der Junge verstand das sehr gut. Woher wusste Potifars Frau, was auf dem Spiel stand? Ich bezweifle. Alles, was sie wusste und sorgte, war ein Vorgeschmack auf diesen sehr gut aussehenden, gut gebauten, intelligenten, arbeitsamen jungen Mann, den die Vorsehung direkt in ihr Haus gebracht hatte. Ja, manchmal werden die Leute, die versuchen werden, dich von deinem Schicksal wegzulocken, die Vision nicht wirklich die Implikation dessen, was sie tun, und die wirkliche Person hinter ihren Handlungen sehen. Aber Sie haben die Verantwortung zu widerstehen oder wegzulaufen, weil Ihre Zukunft, Ihr eigener Erfolg, auf dem Spiel steht.

Joseph widerstand und rannte weg! Warum? Er erinnerte sich an seine großen Träume, die göttlichen Anweisungen von seinem Vater und vor allem seine Achtung vor seinem Gott. Er hatte seine Augen auf das, was Gott über ihn gesagt hatte. Er konzentrierte sich auf diese Vision, in der sein Vater, seine Mutter und seine Brüder (Sonne, Mond und Sterne) vor ihm verbeugten. Er wollte Erfolg haben. Er war entschlossen, diesen Traum in seinem Leben zu sehen. Und er wusste, dass die Sünde all das beschädigen konnte, deshalb weigerte er sich, in Unmoral gelockt zu werden. Ja, er wurde dafür bestraft, aber Gottes Hand und Gunst blieben bei ihm, bis er erfolgreich war. Er wurde aus diesem Gefängnis in den Palast gezogen. Was auch immer der Feind tun wird, um dich zu beschimpfen, wird im Namen Jesus in Beförderung übersetzt werden! Lehne es ab, weggelockt zu werden, weil dein Schicksal involviert ist. Bleib bei deiner Vision. Nehemia weigerte sich unverblümt, weggelockt zu werden!

Jesus

Können wir hier weggehen, ohne Jesu Erfahrung in der Wildnis zu erwähnen? Nein! Unmittelbar nach seiner Taufe ging er in die Abgeschiedenheit, um sich auf seinen Dienst vorzubereiten. Er fastete vierzig Tage und vierzig Nächte und wurde sehr hungrig. Dann dieser Vagabund - Satan sah diese Gelegenheit und kroch hinein, um die Vision zu zerstören. Er benutzte Brot (Essen), um Jesus wegzulocken, weil er wusste, dass Jesus sehr hungrig war und Nahrung brauchte. Er nutzte die Macht, da er wusste, dass Jesus die Kraft Gottes brauchte, um die Vision zu erfüllen. Er benutzte auch den Ruhm der Welt, weil er wusste, dass das, was Jesus vorhatte, bestimmt die göttliche Herrlichkeit erwarten würde. Hör zu, der Feind wird immer benutzen, was du brauchst oder was hilfreich erscheint, um dich wegzulocken. Er ist sehr schlau. Es kommt als Köder! Aber denke immer daran, dass das, was er dir anbietet, die Fälschung ist; die Nachahmung des von Gott für dich vorbereiteten Originals. Hören Sie jetzt, was der Feind Sie gerade anlockt, kann nicht mit der Herrlichkeit verglichen werden, die Gott für Sie vorbereitet hat, wenn Sie dieses Projekt abschließen. Groß! Mal sehen, was in dieser Wildnis passiert ist:

"Dann wurde Jesus durch den Heiligen Geist in die Wüste geführt, um dort vom Teufel versucht zu werden. Für vierzig Tage und vierzig Nächte aß er nichts und wurde sehr hungrig. <u>Da kam der Teufel und sprach zu ihm: Wenn du der Sohn Gottes bist, so verwandle diese Steine in Brote.</u>

Aber Jesus sagte zu ihm: Nein! Die Schrift sagt: "Menschen brauchen mehr als Brot für ihr Leben; Sie müssen sich von jedem Wort Gottes ernähren. Dann führte ihn der Teufel nach Jerusalem, zum höchsten Punkt des Tempels, und sagte: "<u>Wenn du der Sohn Gottes bist, springe ab</u>! Denn die Schrift sagt: "Er befiehlt seinen Engeln, dich zu beschützen. Und sie werden dich mit ihren Händen halten, um dich davon abzuhalten, deinen Fuß auf einen Stein zu schlagen. "

Jesus antwortete: "In den heiligen Schriften steht auch: Prüfe nicht den Herrn, deinen Gott." Als nächstes nahm ihn der Teufel auf den Gipfel eines sehr hohen Berges und zeigte ihm die Völker der Welt und all ihren Ruhm. <u>"Ich werde dir alles geben", sagte er, "wenn du nur niederkniest und mich anbetest". "Raus hier, Satan", sagte Jesus zu ihm. "Denn die Schrift sagt:, Du musst den Herrn, deinen Gott, anbeten; diene nur ihm.</u> "Dann ging der Teufel weg und Engel kamen und kümmerten sich um Jesus."

Matthäus 4: 1-11

Mein Gott! Was für eine Begegnung! In der Tat wäre es eine ewige Katastrophe gewesen, wenn Jesus eines dieser Dinge getan hätte, nach denen dieser Betrüger verlangt hätte. Das ganze göttliche Projekt wäre sofort zusammengebrochen. Und dies sind auch dieselben Dinge, die uns heute von Gottes Plan wegführen - Brot (was wir essen und unsere Bedürfnisse), Macht, Schutz, Stolz des Lebens und die Herrlichkeit der Welt. Wenn Sie einem dieser Dinge nachgeben, werden Sie sofort die Vision verlieren. Sicher, Jesus hatte die Macht, all diese Dinge zu tun, aber Er lehnte dies entschieden ab, widerstand und tadelte den Feind. Jesus widerstand ihm mit dem Wort Gottes: "Es steht geschrieben!" Drei Mal versuchte er es und dreimal sagte er, dass es in den heiligen Schriften steht. Das Wort Gottes ist die zuverlässigste Waffe, um dem Feind jederzeit Widerstand zu leisten und ihn zu besiegen. Gelobt sei Gott!

Und hast du auch bemerkt, wie dieses schlaue Wesen versuchte, die Verheißungen (Wort) Gottes falsch zu benutzen, um Jesus dazu zu bringen, ihm zu gehorchen. Du musst die Verheißungen, das Wort Gottes, kennen und richtig anwenden, um Satan besiegen zu können. Wahr. Er kennt sie sehr gut und sucht immer nach einem Weg, um sie zu unserem Nachteil zu verderben. Dann, egal wie oft oder wie oft der Feind kommen wird, sei immer bereit, ihm zu sagen, was Gott über dich und dein Schicksal gesagt hat. Es steht geschrieben! Sag was die heiligen Schriften sagen. Alles, was der Feind wollte, war, das Projekt der Rettung des Menschen vor der Sünde und ihren Folgen zu entgleisen. Was nutzt der Feind derzeit, um dich wegzulocken? Was?? Steh auf und widerstehe ihm.

Anklagen und Erpressung

Auf deinem Weg nach oben wirst du fälschlicherweise beschuldigt und erpresst. Bereite dich darauf vor. All dies zielt darauf ab, Sie davon abzuhalten, weiterzugehen. Nichts, ich wiederhole, nichts wird verschont bleiben. Sie taten das für Nehemia, aber er betete, ignorierte sie und setzte die Arbeit fort:

"Zum fünften Mal kam Samballats Diener mit einem offenen Brief in der Hand, und das ist es:" Geshem sagt mir, dass er überall, wo er hingeht, hört, dass Sie und die Juden sich rebellieren und deshalb bauen Sie die Mauer. Nach seinen Berichten planen Sie, ihr König zu sein. Er berichtet auch, dass du Propheten berufen hast, um über dich in Jerusalem zu prophezeien und zu sagen: "Schau! Da ist ein König in Juda!

Sie können sehr sicher sein, dass dieser Bericht zum König zurückkommt, also schlage ich vor, dass Sie kommen und es mit mir besprechen. Meine Antwort war: **"Du weißt, dass du lügst. Es gibt keine Wahrheit in irgendeinem Teil deiner Geschichte. Sie wollten uns nur einschüchtern und sich vorstellen, dass sie unseren Entschluss brechen und die Arbeit stoppen könnten. Also habe ich um Kraft gebetet, um die Arbeit fortzusetzen. "**
Nehemia 6: 5-9

Verrat

Verrat soll betrügerisch sein, weggeben oder tückisch sein. Wenn sie versuchen, Nehemia und seine Vision zu verraten, dann werden sie auch versuchen, dich zu verraten. Erwarten Verrat von einigen Ihrer Partner, Vertrauten, Arbeitnehmer, vertrauenswürdigen Freunden, Kollegen und sogar Beziehungen. In jedem göttlichen Projekt muss es einen Judas geben, der versucht, es zu zerstören. Nehemia hatte eine Dosis davon. Sogar von seinen eigenen Leuten, die normalerweise glücklich gewesen sein und ihn unterstützen sollten, waren auch beschäftigt, ihn zu betrügen und Treue seinen Feinden zu geben. Und sie hatten ihre Gründe dafür. Hier war es ihre Ehe und persönliche Beziehungen. Aber sollte jemand einen Grund haben, Gottes Werk zu verraten, göttliche Vision? Ich denke nicht!

Es gibt keine Notwendigkeit, einer Sache, bei der man beteiligt ist, untreu zu werden. Ich glaube, wenn man die Vision nicht mag oder der Promotor besser ist, soll man das hinausschicken, um es zu verraten. Geh weg. Es ist besser, als da zu bleiben und sie gleichzeitig zu betrügen. Ich sage das, weil der Lohn des Verrats enorm ist. Lese meine Arbeit dazu in meinem Buch *Generationen brechen: Deine Freiheit beanspruchen*. Die Belohnung für Verrat ist oft Selbstmord, Selbstzerstörung und viele andere schwere Flüche. Ja, es hat Generationenfolgen. Es war nie gut mit einem Verräter. Nehemia sagte das alles hier:

"Während dieser zweiundfünfzig Tage gingen viele Briefe zwischen Tobiah und den Beamten von Juda hin und her. Denn viele in Juda hatten ihm Treue geschworen, weil sein Schwiegervater Schekanja, der Sohn Arahs, war und weil sein Sohn Jehohanan mit der Tochter Meschullams, des Sohnes Berekias, verheiratet war. Sie erzählten mir immer wieder, was für ein wunderbarer Mann Tobiah war, und dann erzählten sie ihm alles, was ich sagte. Und Tobiah schickte viele Drohbriefe, um mich einzuschüchtern. "
Nehemia 6: 17-19

Mit Beschwerden umgehen

Ein weiteres Problem, mit dem Sie sich auf dem Weg zum Erfolg beschäftigen müssen, sind Beschwerden. Wenn du sie identifizierst, handle sofort, unvoreingenommen und vernünftig mit ihnen. Überprüfen Sie, worüber sich die Leute beschweren und beheben Sie es. Übersehen Sie nie, egal wie unbedeutend. Nehemia hörte der Klage des Volkes zu und handelte schnell und vernünftig damit. Dies ist das Zeichen eines großen Führers.

"Dann begannen die Leute von Juda sich zu beklagen, dass die Arbeiter müde wurden. Es waren so viele Trümmer zu bewegen, dass wir es nie selbst schaffen konnten. "

Nehemia 4:10

"Zu dieser Zeit erhoben einige der Männer und ihre Frauen einen Protestschrei gegen ihre jüdischen Mitmenschen. Sie sagten: "....

Nehemia 5: 1-13

Ein wenig Unzufriedenheit, Unwohlsein oder Ungerechtigkeit kann zu Protesten führen und eine offene oder verdeckte Rebellion auslösen. Und dies kann die Vision gefährden. Achte auf jede Unzufriedenheit und achte darauf. Höre zu, was die Leute sagen, aber lass dich nicht davon beeindrucken. Verwenden Sie es, um die Vision und sich selbst zu verbessern. Manchmal hielt Jesus inne und fragte Seine Jünger: "Was sagen die Leute über mich?" "Und was sagst du über mich?" "Was ist deine eigene Meinung?" Er wollte die Meinungen der Menschen und seiner Jünger messen. Jeder, der sagt, dass ihm die Meinung anderer nicht wichtig ist, ist definitiv zum Scheitern verurteilt. Sogar Gott interessiert sich für die Meinung des Menschen über Ihn. Wahr. Bitte, wir sagen nicht, dass die Meinung der Leute endgültig sein sollte, aber hören Sie wenigstens zu, schauen Sie hinein. Sie können ein oder zwei Dinge daraus gewinnen und mit Ihrer Vision weitermachen. Es gibt immer große Weisheit, Sicherheit und Segen beim Zuhören. Sprich weniger und höre mehr zu.

Ich erinnere mich, als Gideon und seine Armee einmal vorhatten, das Lager der Midianiter anzugreifen, wies Gordon Gideon ins feindliche Lager, um zu hören, was sie sagten, damit sie wissen, dass Er ihnen den Sieg über die Midianiter gegeben hatte. Gideon tat, was er sagte, und was er hörte, ermutigte ihn, weiterzumachen, seine Armee zu mobilisieren und die Feinde anzugreifen. Du wusstest bereits, wie dieser Kampf endete. Die Feinde wurden rund geschlagen und ihre Generäle gefangen genommen! Höre immer zu! Rufe manchmal deine Arbeiter, Partner und rede mit ihnen. Sei aufmerksam und geduldig!

Sei mutig und zeige Führung

Trotz all dieser Gegensätze, Drohungen, Einschüchterungen, Verrätereien und realen Gefahren war Nehemia weiterhin mutig und ermutigte andere, mit der Arbeit

fortzufahren. Sie werden mir zustimmen, dass der heroische Mut, den er hier zeigte, ungewöhnlich ist. Er zeigte tatsächlich wahre Führung. Er nahm persönlich an der Arbeit teil, war an der Verteidigung beteiligt und hatte immer noch die Kraft, andere weiter zu ermutigen, zu beaufsichtigen und zu motivieren. Beeindruckend! Das ist wahre Führung!
` Ich bin auch fasziniert von seinen administrativen und militärischen Strategien. War er ein ausgebildeter Administrator? War er in militärischer Strategie ausgebildet? Ich dachte, er wäre nur ein Becherträger in einem fremden Land? Wenn Gott ruft, trainiert und rüstet er. Sicher, hatte Gott diesem Mann all die Weisheit, den Mut, die Gunst usw. eingepflanzt; das wird benötigt, um diese Aufgabe zu erfüllen. Die Funktion, die Arbeit auszuführen und zu vervollständigen, wurde ihm freigegeben. Und das war die Quelle von allem, was du durch dich manifestieren siehst. Gott hat dir schon alles gegeben, dass du jemals erfolgreich sein musst. Sie sind in dich eingebaut worden! Selbst wenn du sie noch nicht siehst, werden sie sich bald manifestieren, wenn du weitermachst. Wenn die Herausforderungen kommen, werden die eingebauten Qualitäten entsprechend freigegeben. Höre diesen großartigen Strategen:

"Also habe ich bewaffnete Wachen hinter den untersten Teilen der Mauer in den exponierten Bereichen platziert. Ich stationierte die Leute, um von Familien bewacht zu werden, bewaffnet mit Schwertern, Speeren und Bögen. Als ich dann wegen der Situation nachsah, rief ich die Führer und die Leute zusammen und sagte zu ihnen: Fürchtet euch nicht vor dem Feind! Erinnert euch an den Herrn, der groß und herrlich ist und kämpft für eure Freunde, eure Familien und eure Häuser! "

Als unsere Feinde hörten, dass wir von ihren Plänen wussten und dass Gott sie frustriert hatte, kehrten wir alle zu unserer Arbeit an der Wand zurück. Aber von da an arbeitete nur noch die Hälfte meiner Männer, während die andere Hälfte mit Speeren, Schild, Bogen und Nageln wachte. Die Offiziere postierten sich hinter den Leuten von Juda, die die Mauer bauten. <u>Die gewöhnlichen Arbeiter trugen ihre Arbeit mit einer Hand, die ihre Last stützte, und einer Hand, die ihre Waffe hielt</u>. Alle Baumeister hatten ein Schwert an ihrer Seite. Der Trompeter blieb bei mir, um Alarm zu schlagen. "
Nehemiah 4:13-18

Und wie Nehemia zu den Menschen und ihren Führern sagte, sage ich dir heute: "Fürchte dich nicht." Erinnere dich an den Herrn, der groß ist, der wahre und treue wird dir beistehen, bis dieses Projekt endlich beendet ist. Das ist sein Versprechen! Gott wird alle Bemühungen des Feindes vereiteln, diese Vision im Namen Jesu zu vereiteln! Er ist in der Lage, Seine Vision in Ihre Hände zu bringen. Ich liebe die Art und Weise, wie Apostel Paulus es ausdrückt, 1. Thessalonicher 5:24: "Gott, der dich ruft, ist treu; Er wird das tun. "Amen! Hast du das gehört? Ja er wird!

Erfolg ist nun wie ein Krieg. Tatsächlich ist das Leben selbst Krieg. Wahr. In einem Krieg wird es viele Schlachten geben. Es wird von Ihnen erwartet, dass Sie an jeder Schlachtfront teilnehmen, die entschlossen ist, zu gewinnen. Und wenn Sie gewinnen, kommen Sie mit großen Belohnungen und Kriegsbeute nach Hause. Wenn du die Kriegsbeute haben willst, dann kämpfe und gewinne die Schlachten. Erfolg, ungewöhnlicher Erfolg ergibt sich aus dem Zusammenspiel all dieser Variablen, die wir in diesem Buch besprochen haben. Wenn du das, was du hier gelernt hast, in die Praxis umsetzt, kann ich dir garantieren, dass dich nichts davon abhalten kann, dich zu bewegen und an der Spitze zu bleiben.

Neuntes Kapitel
Es ist vollbracht!

"Am 2. Oktober war die Mauer endlich fertig - nur zweiundfünfzig Tage nachdem wir begonnen hatten. Als unsere Feinde und die umliegenden Nationen davon hörten, wurden sie verängstigt und gedemütigt. Sie haben erkannt, dass diese Arbeit mit Hilfe unseres Gottes getan wurde. "
Nehemia 6: 15-16

Preis sei Gott! Endlich war die Arbeit beendet! Das sind gute Neuigkeiten. Es gibt nichts, was Freude bereitet, wie ein Projekt zu starten, es wachsen zu sehen, Schwierigkeiten und Unsicherheiten zu überwinden und die Aufgabe erfolgreich zu bewältigen. Es bringt Erfüllung, Freude, Stolz und Dankbarkeit zu Gott. Schaut auf die Prozesse, die diese bestimmte Vision von Nehemia durchgemacht hat: von der Notwendigkeit, die Vision zu sehen, zu beten, zu planen, auszuführen, Menschen und Materialien zu verwalten, die Opposition zu überwinden usw. Es war in der Tat eine schwierige Aufgabe, aber Gott gab ihm und Juda den Sieg. Es brauchte wirklich viel Mut, Schüler, Weisheit, Strategie, Glauben, Opfer und Gebete.

Ich sehe dich, in deinen eigenen ungewöhnlichen Erfolg durchbrechen. Du wirst gefeiert! Dies ist der Wille Gottes für dich und deshalb bist du in Kontakt mit diesem Buch gekommen. Deine Jahre des Scheiterns sind vergangen. Ja, jedes Jahr war das gleiche für Hannah, bis der Mann Gottes in ihr Leben sprach. Ich spreche jetzt in dein Leben, dass jede Spur von Versagen im Namen Jesu von dir verschwinden würde! Wiederum lag Jerusalem so lange in Ruinen, bis Nehemia sich erhob, um es wieder aufzubauen. Jeder Teil Ihres Lebens, Karriere, Geschäfte, die in Ruinen waren, wird jetzt wieder aufgebaut. Dein Ruhm kommt sofort im Namen Jesus zurück!

Nehemiah hat endlich die Aufgabe beendet! Es ist eine große Freude, die Aufgabe zu beenden. Die Schriften sagen, dass diejenigen, die bis ans Ende ausharren, die Krone des Ruhmes tragen werden. Jetzt wird Ihre Vision, Ihr Projekt, Ihre Karriere nicht auf dem Weg aufhören. Keine Opposition, Verschwörung, Anklage, Verrat, Spott kann dich aufhalten. Wenn er alles überwunden hat, wirst du alles überwinden. Sie werden es letztendlich, schön, endlich beenden. Und das Projekt wurde in einer Rekordzeit von 52 Tagen beendet! Unglaublich! Göttliche Geschwindigkeit! Kein Wunder, dass die Feinde und die Nationen um Juda verängstigt und gedemütigt wurden. Ja, das ist das einzige, was sie erschrecken und erniedrigen kann - Ihren Erfolg. Nationen werden für dich einstehen!

Nun, ich liebe es, wenn das Wort Gottes uns das sagte: "Sie erkannten, dass diese Arbeit mit Hilfe Gottes getan wurde." Wie hast du diese Worte gelesen? Ja, Er macht das, was unmöglich aussieht, möglich! Mit Ihm nichts, ich wiederhole, nichts wird unmöglich sein. Situationen, Zeit, Wetter, alle Schöpfung gehorchen Ihm. Ich werde wieder und ewig über dieses Wunder sprechen, das Er mit den vier Aussätzigen in 2. Könige 7: 1-6 gemacht hat. Er verwandelte die zerstörte Wirtschaft Israels in weniger als vierundzwanzig Stunden. Zeit und Zustand können niemals eine Barriere für Gott sein. Was Gott in deinem Leben tut, wird sicherlich Fragen aufwerfen. Es wird Leute verblüffen. Es soll nicht nur deine Feinde erschrecken und erniedrigen, sondern auch deine Freunde und die um dich herum erstaunen und ermutigen!

Die Israeliten begannen sofort nach dem Wiederaufbau nach Jerusalem zurückzukehren. Es gibt immer eine Rückkehr, Wiedervereinigung, Verjüngung, Wiederherstellung, Wiederbelebung, Wiederaufbau nach dem Wiederaufbau. Erfolg bringt die Wiederherstellung von Freude und Ruhm. Und dein Erfolg wird dir nicht nur Ruhm bringen, sondern deine Familie und deine Leute wiederherstellen. Ihr Leute, eure Träume und euer Platz soll nicht in Trümmern und Schande liegen!

Jetzt, wo du es geschafft hast

"Nachdem die Mauer fertig war und ich die Türen in den Toren aufgehängt hatte, wurden die Torhüter, Sänger und Leviten ernannt."
Nehemiah 7:1

Ich liebe diesen Mann namens Nehemia. Er war in der Tat ein großer Mann Gottes und ein Mann der Weisheit. Er lehnte es ab, sich in der Euphorie zu verirren, einen so großen Erfolg zu erzielen, war aber mehr daran interessiert, zu konsolidieren, was getan wurde. Er wollte den Ort Gottes und das Wohl seines Volkes institutionalisieren. Wahrer Erfolg! Sofort hoben sie das letzte Tor auf, das die Fertigstellung des Werkes bedeutete, er ernannte Sänger, Pförtner und Priester. Und ich sehe diese drei als sehr wichtig. Es ist nicht nur genug, um erfolgreich zu sein, Sie müssen auch wissen, was zu tun ist, nachdem der Erfolg gekommen ist, damit Sie erfolgreich bleiben können. Nehemia tat genau das mit seinen Ernennungen und Handlungen. Lass uns gehen:

Sänger

Nehemia ernannte Sänger. Du musst Gott das Lob für alles geben, was Er dir geholfen hat. Du musst Ihn von Anfang bis Ende loben. Es ist durch Seine Gnade und nicht durch Deine Macht oder Weisheit. Und auch nach dem erfolgreichen Abschluss der Aufgabe musst du weiterhin dankbar sein. Lass ihn wissen, dass du ihn ewig anerkennst und ihm dankbar bleibst. Männer der Dankbarkeit sind immer Männer der Höhe. Deine Dankbarkeit bestimmt deine Höhe! Dies ist das Geheimnis einiger der größten Männer in der Bibel und in der Geschichte. Dies ist das Geheimnis des großen Königs David. Er ist immer dankbar für Gott. Er lobt ihn immer; aus seinem Herzen. Kein Wunder, dass Gott ihn einen Mann nach Seinem Herzen nannte. Gott liebt so viel Lob! Die Bibel sagte, dass er wohnt, genießt, Feste in den Lobeshymnen seines Volkes.

So war Nehemia geistlich korrekt, die Sänger ernannt zu haben. Wir sollten das nachahmen. Und nicht nur sie zu ernennen, wir müssen Gott alle Tage unseres Lebens preisen. So wie David es tat - Tag und Nacht. Lob wird dir durch den Prozess helfen. Lob wird dir den Himmel nahe bringen. Lob wird dir göttliche Hilfe anziehen. Lob wird dich und deine Vision machen, bewahren, fördern und schützen. Lob wird nehmen und dich an der Spitze halten. Du kannst nicht herunterkommen, wenn du ein Mann / eine Frau des Lobes bist. Sie können mehr über Lob in meinem Buch *Kraft des Mitternachtsgebets* lesen.

Torwächter

Nehemia ernannte auch Torwächter. Die Aufgabe eines Pförtners besteht darin, zu überwachen, wer oder was hereinkommt und aus der Stadt hinausgeht. In erster Linie tat er dies, um die Feinde zu verhindern; die bereits dafür bekannt sind, die Stadt heimzusuchen und anzugreifen. Ich sehe das Tor hier so physisch und spirituell über deinen Erfolg wachen. Ja, es ist dir gelungen, aber du musst auch weiterwachen, diesen Erfolg überwachen, um ihn zu schützen, sonst werden die Feinde sich infiltrieren und es zerstören. Man muss kontrollieren. Wachen!

Dann musst du deine Leistung auch geistig halten. Was meine ich hier? Du musst regelmäßig darüber beten. Ihr müsst Partner ernennen, die diesen Erfolg im Gebet immer wieder vor Gott erheben. Dies ist sehr wichtig. Der Feind wird dich nicht einfach verlassen, weil du dein Ziel erreicht hast. Nein! Er kämpft weiter. Er kämpft hart und kommt meistens unerwartet. Aber wenn Sie pflichtbewusst Wache halten, können Sie seine schmutzigen Pläne erkennen und stoppen. Wie Nehemia müssen wir den Pförtner jetzt ernennen, wenn wir Erfolg haben. Siehe auch meine Bücher *Macht des Mitternachtsgebets* und *Gebet von Josaphat: O Gott, hörst du nicht auf?* Sie sind Gebetsbomben! Sie werden dir so sehr helfen.

Du musst führen, was Gott dir geholfen hat. Du musst deinen Erfolg verwalten. Es geht nicht nur an die Spitze, sondern bleibt an der Spitze. Nun, wenn du diese notwendigen Dinge nicht an Ort und Stelle setzt, dann bereite dich darauf vor, bald zu kommen. Gott bewahre!

Leviten

Dein Erfolg muss ständig als Opfer zu Gott gehen. Warum muss Nehemia die Leviten ernennen, und was ist ihre Funktion? Ein Levit ist ein Priester, der dem allmächtigen Gott Opfer darbringt. Er steht zwischen Gott und Mensch; zwischen den Toten und den Lebenden, zwischen dem Altar und den Bänken. Nehemia ernannte den Leviten, Gott für das Volk Opfer darzubringen. Sie würden dem Allmächtigen die Menschen und ihre Leistungen als Opfer darlegen, und sie haben einen dauerhaften und respektablen Platz im Plan der Dinge. So viele Menschen verwerfen Gott, sobald sie ihre Ziele erreichen. Es ist so, als ob sie Gott oder Seine Diener benutzen, um auf die Spitze zu reiten und dann die Leiter zu treten. Das sehen wir jeden Tag und es ist sehr bedauerlich! Sehr traurig!

Und das erklärt auch, warum viele nicht permanent an der Spitze bleiben. Sie klettern heute und fallen am nächsten Tag. Gott kann ihnen nicht mit seinem Segen, mit seinen himmlischen Reichtümern, mit Erfolg, mit Positionen und Beförderungen vertrauen, weil sie sicher zurück kehren werden. Sie werden bestimmt enttäuschen. Sehr traurig! Von uns wird erwartet, dass wir uns beim Aufstieg stärker engagieren. Der Erfolg sollte dich bescheidener machen, engagierter und dich Gott näher bringen. Es sollte dich dazu bringen, der Gesellschaft und den Menschen mehr zurückzugeben. Ich denke, deshalb hat Moses ihnen gesagt, dass du **dich daran erinnern musst, dass Gott dir die Fähigkeit gab, um Wohlstand zu schaffen.** Du tust dies, indem du dich ständig und alles, was du hast, als Opfer für Ihn opferst. Und wie können wir das tun? Indem wir sie benutzen, um Gott und Menschen zu dienen! Dies ist der Wille Gottes. Biete es total und immer an. Biete dir und Seinen Segen als lebendige Opfer für Ihn an.

Nun, merkst du, dass wir in diesem Leben nichts besitzen? Wir kamen mit nichts und wir werden sicher mit nichts abreisen. Alles, was du hast oder erreicht hast, wird dir "ausgeliehen", damit du auf der Erde "Handel treibst". Nackt sind wir gekommen und nackt müssen wir gehen! Wahr! Nutze also jeden Tag deine Segnungen, deine Errungenschaften, deine Talente und dein Leben als Opfer für Gott und andere. Dies ist der Wille Gottes für dich. Deshalb segnet Er dich. Wenn Sie einen ungewöhnlichen Erfolg erzielen, denken Sie immer daran. Herzliche Glückwünsche!

Gebet
Ich bete, dass der Erfolg, den Sie durch diese Botschaft erhalten haben, im Namen Jesus bleiben wird! Von heute an wird alles, was benötigt wird, um dich an die Spitze zu bringen, dir nachlaufen, dich treffen und dich auch überholen! Möge Gott dir in allen Bereichen gefallen!

<u>**Sehr wichtig**</u>

Wenn du Jesus Christus noch als deinen persönlichen HERRN und Retter empfängst, warum neigst du nicht sofort deinen Kopf? Bekenne deine Sünden und bitte Gott, dir zu vergeben. Denke daran, du musst nicht zu deinen alten Wegen zurückkehren. Du kannst uns für weitere Beratung schreiben. Und bedenke auch, dass ich dich davor gewarnt habe, den Feind nicht zu beauftragen, ausgenommen

du bist ein wiedergeborener Christ, betend und lebst ein heiliges Leben. Gute Besserung!

Hat dich dieses Buch gesegnet? Schreibe an die untenstehenden Adresse und teile deine Zeugnisse mit uns. Erzählen Sie anderen davon und hinterlassen Sie auch eine Buchbesprechung im Review-Bereich. Vielen Dank!

Rev. Gabriel Agbo
Tel: +234-8037113283
E-mail: gabrielagbo@yahoo.com
www.authorsden.com/pastorgabrielnagbo
P O Box 1755, Enugu – Nigeria.
Facebook / Double Honour International
Twitter: @pastorgabagbo

Wir schätzen auch Ihre Partnerschaft, Spenden und Unterstützung für dieses Ministerium. Ihre Unterstützung wird diese zeitnahen Nachrichten in alle Teile der Welt bringen. Schicke dir Spenden. Rufen Sie uns heute an.

Meine anderen Bücher

Kraft des Mitternachtsgebets

.Breaking Generation Fluch: Anspruch auf Ihre Freiheit

.Double Ehre

.Kein Kreuz keine Krone

.Gott der Fruchtbarkeit

.Erhalte deine Heilung

. Gott von Abraham, Isaak und Jakob

. Kraft des Opfers

Aus Ägypten kommen

. Gebet von Josaphat

. Geh, ich sende dich

. Gelegentlicher Erfolg

. Und andere

Kraft des Mitternachtsgebets (Buch)

Dieses Buch " Kraft des Mitternachtsgebets " wird sicherlich eines der umfassendsten und mächtigsten Bücher über spirituelle Kriegsführung sein. Die Wahl des Titels ergab sich aus einem reichen Erfahrungsschatz, ausschauenden Zeugnissen und Bekenntnissen und einem sorgfältigen Studium des Wortes Gottes. Es ist in der Tat eine sehr reiche und gut erforschte Arbeit. Es wurde als ein unglaubliches Buch beschrieben.

Hier erfahren Sie von der enormen, aber dennoch voll erschlossenen spirituellen Kraft, eingebettet in die Gebete, die zwischen 23:00 und 03:00 Uhr stattfinden. Weißt du genug über die explosiven Kräfte des Lobpreises, des Gebets und des Fastens? Weißt du, welche Rolle die Engel Gottes, der Geist Gottes und das Feuer Gottes in unserem Krieg gegen das Reich der Finsternis spielen?

In diesem Buch werden Sie direkt von den ehemaligen großen okkulten Meistern von der kolossalen zerstörerischen Wirkung hören, die der Name und das Blut im Satan-Königreich verursachen. Was passiert, wenn Satan und seine Dämonen direkt mit diesen beiden mächtigsten Elementen im Universum in Kontakt kommen? Warum ist Satan in einer Sitzung von seinem Stuhl gefallen, weil der Name Jesus erwähnt wurde?

Kennen Sie die Kriegsstrategien des Feindes gegen die Kirche, die Christen und die Minister? Wie bringt er die Diener des Evangeliums um und tötet sie manchmal? Wer sind die Agenten des dunklen Königreichs in der Kirche? Welche Rolle sollten die Gebetskrieger spielen?

Was ist das Interesse des Königreichs Satan an menschlichem Fleisch und Blut? Warum Menschenopfer in der okkulten Welt? Lies verschiedene Berichte von den ehemaligen Agenten Satans und sogar den Medien über das Opfern von Menschen und andere abschreckende nicht-druckbare Praktiken. Warum sollte eine Frau die Augen eines kriechenden Babys abreißen, sie mit ihrem ganzen Weinen und Stöhnen abschlachten und dann ihr Fleisch zerstoßen und essen? Was macht das Okkulte mit Sex? Können böse Geister und Bündnisse durch Sex weitergegeben werden? Warum sollte ein Mann mit einem kleinen Jungen schlafen und eine Schlange in seinen Magen legen, nur um Macht, Reichtum und Position zu erlangen?

Sie werden andere explosive Themen finden, wie das Ringen mit Gott, das Binden und Lösen, das Zerschlagen der Tore, das Öffnen von Türen, die gesamte Rüstung Gottes, Tore des Himmels und Tore der Hölle. Die 21 kraftgeladenen Kapitel dieses Buches werden dich sicherlich für Gott in Brand setzen. Ich wette, du hast noch nie so etwas gelesen. Prüfen Sie:

herehttp://www.amazon.com/Power-Midnight-Prayer-Pastor-Gabriel

<u>Generationsflüche brechen: Deine Freiheit beanspruchen (Buch)</u>

Dieses Buch wird dir die Augen öffnen für die Konsequenzen all unserer Handlungen auf unser Schicksal und das unserer Kinder; sogar diejenigen, die noch ungeboren sind. Das Thema Flüche wurde lange vernachlässigt, und wir hielten es für notwendig, sie bloßzustellen. Wir beginnen damit, in die heiligen Schriften zu gehen, um genau zu wissen, was Gott über sie zu sagen hat, wie sie funktionieren und wie wir von ihnen vollkommen frei sein können. Generationsflüche sind so wichtig, dass Gott sie in die Tabelle der Zehn Gebote aufgenommen hat.

Es ist eine Tatsache, dass viele, einschließlich der heutigen Christen, unter den Folgen leiden, dass sie Gottes Geboten und Erwartungen nicht gehorchen. So viele sind vom Feind mit unsichtbaren und nicht identifizierbaren Bond-Instrumenten gebunden. In dieser Studie werden wir lernen, wie man diese Ketten bricht, die vom Feind stammen. Wir erforschen tiefer in Bereiche wie Götzendienst (einschließlich Halloween), Unmoral, Verrat, Diebstahl, Mord usw. Ich glaube, dass, während du dieses Buch liest und seine Wahrheiten erforschst, es in dir eine Regung geben wird, dich zu prüfen und absichtliche Anstrengungen zu machen Lebe ein heiliges Leben, wenn nicht für dich selbst, zumindest für deine Kinder und die noch ungeborenen Generationen. Möge Gott Sie segnen, wenn Sie dieses Buch lesen, und ich bitte Sie, es mit offenem Herzen zu lesen, damit Ihr Verständnis zu dem, was um Sie herum ist, geschärft wird. Prüfen Sie:

herehttp://www.amazon.com/Breaking-Generational-Curses-Claiming-Freedom

Erhalte deine Heilung (Buch)

In diesem Buch geht es darum, wie man göttliche Heilung empfängt. Kann Gott noch heilen? Ja! Können wir heute in guter und vollkommener Gesundheit leben? Ja! Unser Gott ist derselbe gestern, heute und für immer. Erwarte deine Heilung, während du liest.

Hier wirst du einige unglaubliche Zeugnisse lesen, die deinen Glauben an Gott und seine unbegrenzte Fähigkeit und seine Bereitschaft, selbst in schlimmsten Situationen zu intervenieren, sofort steigern werden. Zum Beispiel heilt Gott immer noch unheilbare und tödliche Krankheiten. Er erhebt immer noch die Toten. Hast du von einem Mann gelesen, der nach zwei Tagen in der Leichenhalle aufwachte? Nun, wenn Gott das kann, warum denkst du dann, dass nichts gegen deinen Zustand getan werden kann? Es gibt viele andere unglaubliche Zeugnisse hier.

Es gibt zehn kraftvolle, erhellende Kapitel in diesem Buch: Alle Dinge sind möglich, Heilung ist dein Recht, Ursprung der Krankheit, Wort Gottes, Name Jesu, Heiliger Geist, Kraft des Glaubens, Erhalt deiner Heilung.

Sie werden auch über die Rollen des Gebetes, des Salböls, des Händeauflegens, des Mitgefühls (Liebe), des Gehorsams, der Engel, des Lobpreises und der Anbetung usw. erfahren, um unsere Heilung zu erhalten und zu bewahren. Dieses Buch wurde entwickelt, damit du deine Heilung empfangen kannst, während du hindurchgehst, und es ist sehr praktisch.

Sie können es auch von allen großen Buchhändler Websites, einschließlich Amazon

http://www.amazon.com/Receive-Ihr-Healing-Gabriel-Agbo/dp/148275939X/ref=sr_1_8? S = Bücher & ie = UTF8 & qid = 1419366006 & sr = 1-8

Gebet von Josaphat (Buch)

Jeder Kampf in diesem Leben ist gewinnbar! Alle Schlachten, denen wir als Individuen oder Gruppen gegenüberstehen, sind in drei Kategorien vertreten: Kriege, Krankheiten und Hungersnöte. Kriege repräsentieren sowohl physische als auch geistige Gegensätze, Kämpfe und Konflikte, mit denen wir uns täglich konfrontiert sehen. Krankheiten umfassen alle Krankheiten, Infektionen; heilbare und unheilbare Krankheiten. Dann beinhaltet Hungersnot oder Dürre alle wirtschaftlichen, finanziellen Mangel und andere Herausforderungen. Und in diesem Buch zeigen wir effektiv, dass es möglich ist, diese Herausforderungen immer zu bestehen und siegreich zu sein.

Hier finden Sie bewährte und erprobte Prinzipien, die Sie dauerhaft auf die Siegerseite bringen. Sie testeten tatsächlich, göttlich, universal und ewig. Sie können nicht versagen. Hier finden Sie 10 Kraft Kapitel: Das Gebet von Josaphat, Gott des Himmels und der Erde, Es ist unser Erbe, Krieg, Krankheiten und Hungersnot, sehen Sie, wie sie uns belohnen, werden Sie nicht aufhören? Sei nicht ängstlich oder entmutigt, Es ist nicht deine Schlacht, Glaube an den HERRN, marschiere morgen und die Macht des Lobes. Sie haben auch eine Reihe von starken Gebetspunkten, die am Ende jedes Kapitels zu sofortigen Ergebnissen führen. Dieses Buch ist auf den Websites aller wichtigen Buchhändler verfügbar, einschließlich applehttps: //itunes.apple.com/us/book/id955493898

www.ingramcontent.com/pod-product-compliance
Lightning Source LLC
Chambersburg PA
CBHW070955240526
45469CB00016B/1170